阿里巴巴的人力资源管理

第2版

张继辰　孔艺轩◎著

海天出版社（中国·深圳）

图书在版编目(CIP)数据

阿里巴巴的人力资源管理/张继辰，孙艺轩著.——2版.——深圳：海天出版社，2015.4
（标杆企业研究经典系列）
ISBN 978-7-5507-1247-8

Ⅰ.①阿… Ⅱ.①张… ②孙… Ⅲ.①电子商务－商业企业管理－人力资源管理－经验－中国 Ⅳ.①F724.6
中国版本图书馆CIP数据核字(2014)第292902号

阿里巴巴的人力资源管理
ALIBABA DE RENLIZIYUAN GUANLI

出品人 陈新亮
责任编辑 顾童乔 张绪华
责任技编 梁立新
封面设计 元明·设计

出版发行 海天出版社
地　　址 深圳市彩田南路海天大厦 (518033)
网　　址 www.htph.com.cn
订购电话 0755-83460202(批发) 83460239(邮购)
设计制作 蒙丹广告0755-82027867
印　　刷 深圳市希望印务有限公司
开　　本 787mm×1092mm 1/16
印　　张 15
字　　数 167千
版　　次 2015年4月第2版
印　　次 2015年4月第1次
定　　价 39.00元

MAYUN

前言

QIANYAN

2014年9月19日晚，阿里巴巴在美国纽约证券交易所（以下简称纽交所）敲响上市钟声，演绎了一轮资本市场“巨无霸”的造富神话，借着赴美上市的东风，阿里巴巴董事局主席马云已跻身中国新首富。15年前，马云赴美融资200万美元失败，如今他带走了218亿美元。

成功在纽交所上市，真正确立了阿里巴巴国际大公司的形象，从市值来看，阿里巴巴已位列美国科技股第四，排名于苹果、谷歌和微软之后，Facebook之前。值得一提的是，阿里的市值比亚马逊和eBay之和还要多。

《彭博商业周刊》评论道：“阿里巴巴的巨额IPO显示着中国的互联网企业家们把自己定位成是极具竞争力并且能够在全球互联网市场中赢得首屈一指地位的一群人，也使得‘美国电商主导地位受到了前所未有的威胁’。”

作为一个纯粹的商务平台，阿里巴巴事实就是一个大型的虚拟市场，里面划分为三个不同的交易区域——B2B、B2C、C2C，不同的交易需求者进入不同的区域交易。数以亿计的个体和企业在这个没有任何实体空间的市场上交易。

阿里巴巴旗下的淘宝平台，被英国《经济学人》杂志称为世界上最伟大的集市，一个十年内的成交额能从3400万猛增到1万亿的商业网络平台，一个能在2013年“双十一”购物狂欢节销售额突破350亿元的商界奇迹，一个能让百姓足不出户，通过网络便几乎能够满足所有衣食住行要求的电子商务平台。

我们在对阿里巴巴进行长达十年的深入跟踪研究后，最终发现“清晰的发展战略＋成功的管理模式＋独特的企业文化＋梦幻的人力资源组合＋有效的营销策略”正是阿里巴巴成功的核心所在。

马云不是那种贪天之功，据为己有的人。他能聚人、容人、留人。马云深知团队的作用：“一定要有一个优秀的团队。光靠4个人单枪匹马不行，边上都是替你打工的也不行，边上这批人也必须为了梦想和你一样疯狂热情，而且这个梦想还必须做出来。”“一个优秀的团队，优秀的同事是完成一个企业做成功最重要的一个因素之一。”

作为一个CEO（首席执行官）、企业家，马云认为一个企业最大的财富是员工。马云非常重视让员工作为阿里巴巴资产的一部分实现“保值”、“增值”的过程，他经常说：“我们认为与其把钱存在银行，不如把钱投在员工身上，我们坚信员工不成长，企业就不会成长。员工是公司最好的财富。有共同价值观和企业文化的员工是最大的财富。今天银行利息是2个百分点，如果把这个钱投在员工身上，让他们得到培训，那么对员工创造的财富远远不止2个百分点！”“我觉得阿里巴巴未来的钱，我希望最多的是花在人的身上，而不是机器上。”

阿里巴巴在人才的“选育用留”这四个方面都可以看出其对人才的尊重和爱惜。阿里巴巴的整个人力资源体系，其目的是“让平凡的人做不平凡的事”。有不少在创立之初加入的普通岗位员工，通过自己努力不断轮岗，现在已走上公司副总裁、高级总监等重要岗位。

阿里巴巴建立了一套和外界企业可能有些不同的人力资源体系。就像政委体系，团队有参谋长等等，它不光给你提供日常的人力资源服务，它起到和一线的业务单位一起分析业务的作用。

阿里巴巴对所有重要的岗位，都已经开始制订职业发展规划。明晰了岗位的职责，定义了胜任的能力，以及配套这个胜任能力和岗位职责所需要参加的培训课程。

在很多企业，行政体系薪酬往往要比技术人员高，能力强的技术人员纷纷转向行政岗位。阿里巴巴打破了这个“惯例”。阿里的管理、技术岗位都有自己的职级晋升通道，只要职级相应，不管是管理岗位还是技术岗位，待遇是一样的。

快乐工作、认真生活，是阿里巴巴一直提倡的理念。阿里巴巴曾以“快乐工作”指数多次被媒体评选为“中国年度最佳雇主”。

2014年8月，零点指标数据最新出炉的《2014年中国大学生最佳雇主TOP 50》报告显示，阿里巴巴以高支持率位居榜首，一跃取代2013年的雇主冠军微软，成为大学生心目中最被认可的“好老板”。

《阿里巴巴的人力资源管理》一书详细解读了全球电子商务帝国阿里巴巴的人才观、招聘策略、培训模式、考核方法、留才法则、薪酬制度等等，是每一位希望深入了解马云和阿里巴巴的读者案头必读书，也是每一位人力资源管理从业人员必备的精华读本。

目录

第三章　员工培训 /057

第四章　用才策略 /095

第五章　员工激励 /121

ALIBABA

第一章 人才观

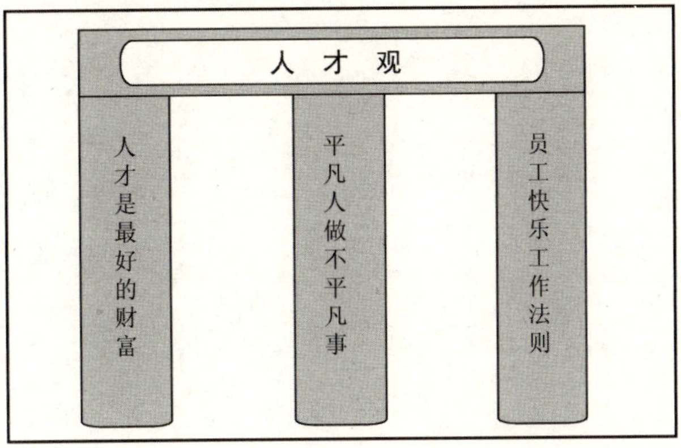

ALIBABA

企业必须建立健全人才的培养、开发、吸引、使用的科学机制。联想控股董事局主席柳传志曾说过:“人才是利润最高的商品,能够经营好人才的企业才是最终的大赢家。”

现在越来越多的中国企业开始尝试在国内外市场上与国际跨国公司竞争共舞,但现实残酷,中国企业在激烈的竞争中常深感人才之匮乏。企业不但不易招到理想人选,屈指可数的人才也往往自行出走或被著名跨国公司高薪挖走。如何迅速建立自己的人才体系,已成为当今中国企业向国际级企业进军中的难题。

人才是最好的财富

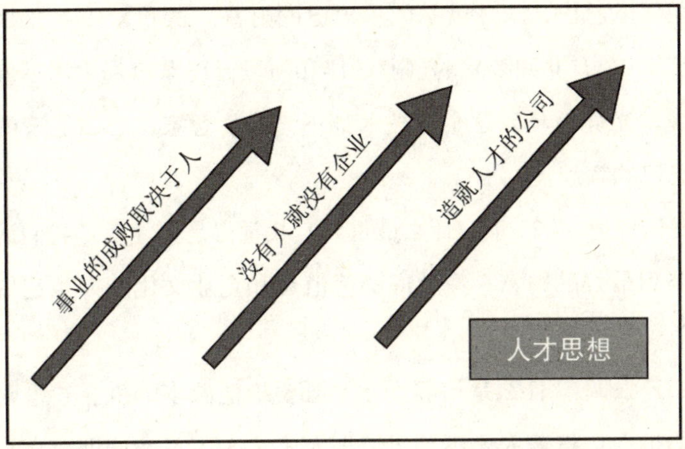

被誉为“经营之神”的松下幸之助认为,一个人的能力是有限的,如果只靠一个人的智慧指挥一切,即使一时取得惊人的进展,也肯定会有行不通的一天。因此,松下电器公司不是仅仅依靠总经理经营,也不是仅仅依靠管理监督者经营,而是依靠全体职工的智慧经营。

松下幸之助把“集中智慧的全员经营”作为公司的经营方针。松下经营思想的精华——人才思想奠定了他事业成功的基础。松下先生说，“事业的成败取决于人”，“没有人就没有企业”，松下电器公司既是“制造电器用品”的公司，又是“造就人才的公司”。

全球最伟大的CEO、美国通用电气公司前董事长兼首席执行官杰克·韦尔奇曾说：“我最大的成就就是发现人才，发现一大批人才。他们比绝大多数的首席执行官都要优秀。”

的确如此，这位全球最伟大的CEO，把50%的工作时间都花在了寻找最优秀的人才，他的最大成就也是如何挑选出最合适的管理人才。

在阿里巴巴，人才就是阿里巴巴的财富。试想，1999年，如果没有那17个有共同梦想的创业伙伴和阿里巴巴董事局主席马云拧成一股绳，光凭他马云这个连技术都不懂的梦想家，怎么能造就今天阿里巴巴的辉煌呢？

马云说道，“21世纪什么最重要？我觉得是人才”，“我们认为人才是公司最好的财富，有共同的价值观和企业文化的人才是最大的财富”。

马云强调：“什么是培养人才？既要给他做事的机会，也要给他犯错的机会！培养人才不等于培训人才，人才不是培训出来的，人才是磨练出来的。什么是凝聚人才？凝聚人才不等于收买人才，能被收买的不是人才是奴才，真正的人才是买不来的，而是吸引来的！”

在激烈的市场竞争当中，人力资本的存在与否，将导致企业的存在状态发生巨大的变化。比尔·盖茨曾说：“谁要是挖走我的几个顶尖人才，微软也就完了。”

IBM前任总裁沃森曾说过这样一句话："你可以接收我的工厂，烧掉我的厂房，然而只要留下我的人，我就可以重建IBM。"

海尔集团董事局主席张瑞敏非常认同沃森的观点，同时，他对人才重要性的认识也是十分深刻的。在张瑞敏看来，企业里人才大致可由低到高分为如下三类：人材——这类人想干，也具备一些基本素质，但需要雕琢，企业要有投入，其本人也有要成材的愿望；人才——这类人能够迅速融入工作、能够立刻上手；人财——这类人通过其努力能为企业带来巨大财富。对海尔来说，好用的人就是"人才"。

平凡人做不平凡事

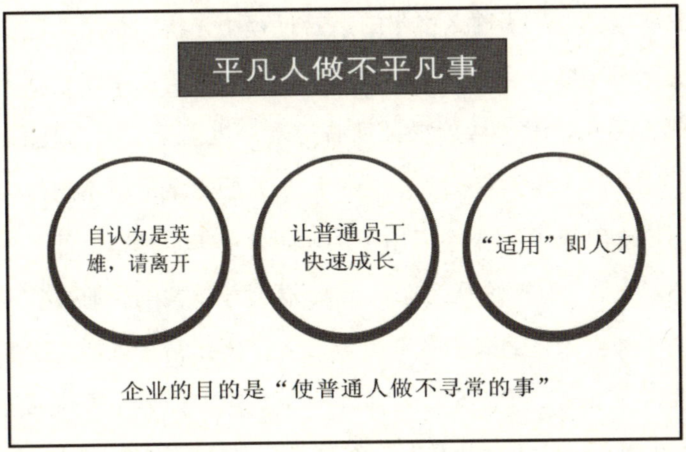

现代管理学之父彼得·德鲁克引用了贝弗里爵士的一句话："企业的目的是'使普通人做不寻常的事'。"没有一个企业能够依赖天才，天才的出现总是寥若晨星，难以预测。企业应该努力挖掘企业成员中存在的长处，使普通员工发挥最高的水平做更多更好的工作。

德鲁克认为：组织不能依赖于天才。天才是很少的。依赖于天才是靠不住的。对一个组织的考验就是要使平凡人能取得比他们看来所能取得的更大的成就，要使其成员的长处都能发挥出来，并利用每个人的长处来帮助所有其他的人取得成就。组织的任务还在于使其成员的缺点互相抵消，使每个人能充分发挥他的长处。

自认为是英雄，请离开

一个团队最需要的是团队协作，而不是个人的英勇不凡，鸿海集团总裁郭台铭说过："我们要的是能团队合作的人才，不要天才，因为天才型的研发人员到哪家公司都会令人头痛，天才就让他留在天上。"

在阿里巴巴集团这么多年的运营过程中，特别是阿里巴巴前期也搞过精英团队，后来发现，全明星团队很难管。全明星团队每个人本领都不凡，时常认为自己很有道理，也勇于坚持自己的意见，反而使团队的力量不能用到一处，每个人的力量都得不到最大的发挥。阿里巴巴表示："不希望用精英团队。如果只是精英们在一起肯定做不好事情。如果你认为你是英雄，你是不平凡的，请你离开我们。我们并不需要人精到我们这儿，要么人，要么精，人精是妖怪，我们不要。"

阿里巴巴团队不欢迎令人头疼的"天才"，在阿里巴巴的团队中，最多的还是平凡的普通人才，不需要多高的智商，只需要有责任感，有团队精神，就是阿里巴巴欢迎的同伴。

阿里巴巴曾表示，只用二、三流学校的一流人才。阿里巴巴董事局主席马云称自己也只是一个“满大街一抓一大把的普通人”！他回忆自己的创业经历时说道：“我们阿里巴巴要的是普通人才，以前从来没有人说我是精英，现在人家都说我是精英，现在我也觉得玄乎。我经常觉得第一流的北大、清华学生不会到我们公司来，人家都到美国去了，第二流的北大、清华学生都到Google、IBM去了，第三流的北大、清华学生我也不要。所以我觉得二、三流学校的第一流学生我最喜欢，我觉得杭州师范学院的学生最好，我就是那儿毕业的，所以我喜欢普通的人。我们公司的员工都是平凡人，很多平凡的人在一起做不平凡的事。”

让普通员工快速成长

阿里巴巴创办时，创始团队中除了几个做过中国黄页的元老之外，其他多数人都是刚毕业不久的年轻人。没有人是天生奇才，但每个人的成长速度令人震惊，他们当中不但涌现出四个副总裁，而且涌现一批出色的总监和经理。

如前阿里巴巴COO（首席运营官）李琪，前淘宝网总经理孙彤宇，阿里巴巴集团资深副总裁，雅虎口碑总经理金建杭等等，均是参与阿里巴巴创业的“十八罗汉”成员。马云说：

> 他们和我一样，都算不上聪明绝顶的人，但是这几年内成长飞快。

当阿里巴巴创始人马云宣布，创业团队只能做连长、排长的时候，孙彤宇并没有因此郁闷，而是暗下决心：“我现在是连长、排长，但我相信自己能够成为师长、军长，这是我的信念，要去超越。”

孙彤宇说："在华星时代，我们的能力和现在比相差很大，那是一个需要成长和充电的时候，大家都很用心。"孙彤宇承认那时的能力只够当连、排长。

孙彤宇升任"师长、军长"的转机来自2003年。那年年初，马云看到eBay已经下定决心要进入中国，同时eBay在全球市场也将渗透进阿里巴巴所在的B2B领域。马云决定抢先一步进攻对方。

这时候，马云找上孙彤宇，表示公司要投资C2C的网站，问他有什么看法。孙彤宇说此前自己从来没有想过，也没有研究过C2C市场的问题，听马云这么一问，立刻回去研究。

这一研究不要紧，孙彤宇心里开始"长草"，觉得这个项目也很有意思，他说自己一向就对面向消费者的行业有兴趣。

2003年，孙彤宇出任淘宝网总经理。当年的小连长成长为今天独当一面的将军。

后来淘宝网与eBay的成功对抗，再一次证明了马云对电子商务的敏感，同时也证明了其看人眼光的准确。

李琪是中国黄页时期的骨干，也是阿里巴巴的骨干。他是马云本土团队中成长起来的大将。阿里巴巴曾有四个"O"：其中两个"海龟"——CFO（首席财务官）蔡崇信和吴炯CTO（首席技术官）；两个"土鳖"——CEO马云和COO李琪。平心而论，李琪的这个"O"得之不易。

李琪于2000年加入阿里巴巴公司，先后担任技术副总裁和销售副总裁。2003年至2004年，李琪担任高级副总裁兼阿里巴巴公司国际事业部总经理。2005年1月1日，李琪担任阿里巴巴公司首席运营官一职。

在众多海外高管折戟沉沙的阿里巴巴，李琪这个没有海外学历、没有跨国公司工作背景的本土将领却能跻身公司最高决策层，凭的是自己的实力和业绩，他这个“O”是拼出来、干出来的。阿里巴巴B2B 业务成功上市后，李琪已被马云派往海外学习。

如今，原来的 18 位创业元老大多已经成为阿里巴巴集团的核心骨干。

这支当年看似不起眼的团队经过快速成长，成了开创阿里巴巴大业的功臣。阿里巴巴的这支团队一起走过了创业初期的艰难岁月，一起走过了危机四伏的严冬，一起走过了突如其来的“非典”，一起走过了一天 100 万收入、一天 100 万利润、一天 100 万纳税的辉煌时期。

在阿里巴巴企业内部，听到最多的是这句话——“我们是平凡的人，在一起做一件不平凡的事情。”

“适用”即人才

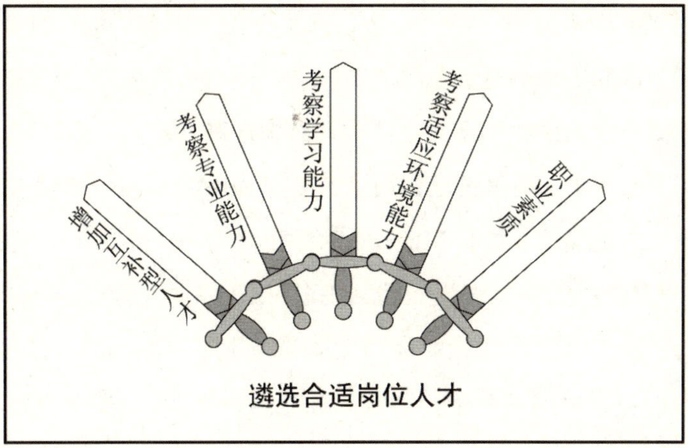

对于企业来说，何为人才？中国惠普公司原首席执行官高建华说：“人才，应该说，当一个人的能力跟这个企业的需要正好相吻合的时候，这个人才会自然地就当上了人才。其实大多数人都是人才，但是到了惠普他就不一定是人才，因为他的特长跟惠普公司的需要也许是不吻合的。所以说，大家在走上社会的时候，都是人才，但是人才的价值会随着不同的企业而变化，如果你找到了跟你的个性、跟你的追求相一致的企业的话，你的能力就会超水平的发挥，最终你会感觉到你这人的人才价值。”

麦当劳在使用人才上同样很实际，只找最合适的人。这一点与阿里巴巴不谋而合，有异曲同工之妙。

阿里巴巴在发展过程中犯过许多错。比如在创业早期，阿里巴巴请过很多“高手”，一些来自 500 强大企业的管理人员也曾加盟阿里巴巴，结果却是“水土不服”，这些人并不适合阿里巴巴。

1999 年 9 月，阿里巴巴网站建立起来了，阿里巴巴立志要使之成为中小企业敲开财富之门的引路人。10 月，阿里巴巴获得以高盛牵头提供的 500 万美元风险资金，阿里巴巴立即着手的一件事情就是，从香港和美国引进大量的外部人才。当时，在阿里巴巴 12 个人的高管团队成员中除了马云自己，全部来自海外。

接下来几年，阿里巴巴聘用了更多的 MBA（工商管理硕士），包括哈佛、斯坦福等学校的 MBA，还有国内大学毕业的 MBA。但是后来这些 MBA 中的 95%因为不适合阿里巴巴，都被阿里巴巴开除了。

马云从不否定那些职业经理人的管理水平，他们的水平如同飞机引擎一样，但问题在于，如此高性能的引擎适合拖拉机吗？马云由此总结出一个关于人才使用的理论：只有适合企业需要的人才才是真正的人才。他把当初开除MBA的事情做了一个比喻:“就好比把飞机的引擎装在了拖拉机上，最终还是飞不起来一样，我们在初期确实犯了这样的错。那些职业经理人管理水平确实很高，但是不合适。公司当时的发展水平还容不下这样的人。”

长期以来，在不少人眼里，只有高学历、高职称的人才能算是人才，否则即使有通天的本领，没有一纸文凭或职称，也不能称其为人才。但是，德国有一句名言，叫作“垃圾是放错位置的财富”。这句话一语道破天机:是不是人才，关键是看你把他放在什么位置上，让他去做什么事，只要他在这个位置上能够做好，能做出成绩来，他就是人才。如果不行，即使顶着再多的桂冠，他也不是人才。

所以，从某种意义上说，“适用”即人才，只有适应某个企业、某种环境、某个职位、某种文化的人才是人才。马云在办公室的墙上挂着一幅字:“善用人才为大领袖要旨，此刘邦刘备之所以创大业也。愿马云兄常勉之。”这幅字是金庸2000年的时候给马云题的。马云说:“我挂在办公桌前面，这是给自己看的，挂在后面是给别人看的。天天看到这个，也是对自己的一种提醒。”

基于此，阿里巴巴只招合适的人才。同时，企业在遴选合适岗位人才要掌握以下要领:

一、分析现有岗位人员技能特点，最好增加互补型人才

假如现有的人才都属于通才型，那需要找到一个很有专长的人才，作为互补最合适。

二、考察专业能力

考察专业能力时，最好能涵盖基础知识以及项目实践，把握好深度、广度，可以将他经历过的项目提炼出一些有梯度的问题，是

否有独立做事情、带团队做事情的能力。

三、考察学习能力

了解碰到疑难问题的解决模式，以及对这个问题是否有提问的智慧。

四、考察适应环境能力

五、职业素质

1．比如跳槽是否过于频繁，能否有稳定性。

2．对自己是否有一个清晰的定位以及职业发展规划。

员工快乐工作法则

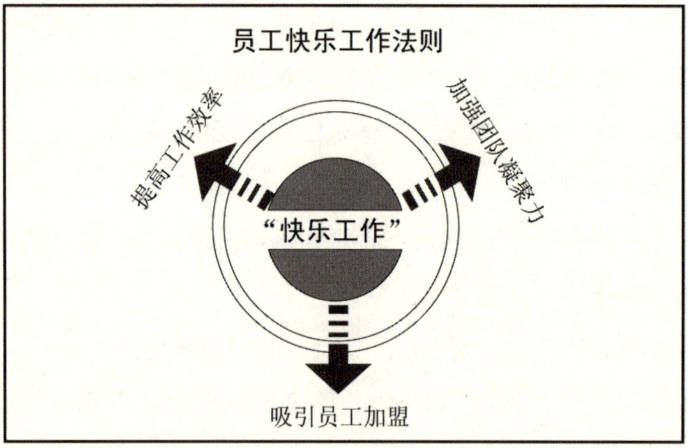

工作与生活的平衡是一门大学问，企业与员工之间、员工互相之间健康正向的关系，是支持企业长期发展的基础。

2014 年 8 月，零点指标数据最新出炉的《2014 年中国大学生最佳雇主 TOP50》报告显示，阿里巴巴以高支持率位居榜首，一跃取代 2013 年的雇主冠军微软，成为大学生心目中最被认可的“好老板”。

阿里巴巴除了极具潜力的工作前景以及优厚的福利薪酬外，其对外展现出来的开放和多元化的公司文化和工作氛围，也令刚刚走出校门的大学生们着迷。

阿里巴巴将“成为员工幸福指数最高的企业”写进了公司愿景之中。在阿里巴巴，无处不在地强调着快乐工作。马云说：“我们阿里巴巴的 Logo 是一张笑脸，我希望每一个员工都是笑脸。”马云认为，员工工作的目的不仅包括一份满意的薪水和一个好的工作环境，也包括在企业中能快乐地工作。事实上，马云曾不止一次在公众讲话中强调，阿里巴巴最大的财富就是阿里人，不快乐的工作就是对自己不负责任。

在阿里巴巴的晚会活动上，你不难看到马云等高管蒙着面纱大跳印度舞；在阿里巴巴的上班时间，你也可能看见几个人敲锣打鼓跑过去，或者一群人在围着吃蛋糕，那是阿里巴巴员工在庆祝又拿下一个大单……

当一个项目按期或超额完成，为了向员工表示庆祝，阿里巴巴的项目负责人会只穿一条短裤钻桌子或者在公司楼内跑上一圈，甚至被大家拉着，“裸体”发放喜糖，敲锣打鼓游行。这被员工们戏称为“裸奔仪式”。“裸奔仪式”开始于 2005 年，是为了庆祝日交易量突破 700 万元。当时公司想以一种震撼的方式把这个消息告诉每个员工，觉得开会或发电子邮件缺少创意，经过一番讨论后，最终决定“裸奔”。对这个仪式，还有具体的说法。裸，象征了坦诚、开放的公司文化；奔，寓意着狂欢庆祝。

对公司有巨大贡献的员工才有“裸奔”资格。目前参加过裸奔仪式的全为男员工，女员工可找男员工代裸，参加仪式的员工最多可以穿一条内裤。

和以往“裸奔”都在公司举行不同，支付宝2009年7月的“裸奔”仪式选在了半年会的会场——全员参加的大会上，地点则首次在支付宝公司外的一个大礼堂，公司全部员工都来了。参加“裸奔”的人员穿着裤衩，脸上化着非常夸张怪异的彩妆，身上还贴有一些怪异的彩条。随着芭蕾舞剧《天鹅湖》的音乐响起，参加“裸奔”的员工从后台一路小跑上了舞台，台下立即一片欢呼，闪光灯大作。从2005年起算，支付宝公司举办“裸奔”庆功仪式已经5次了，本月的“裸奔”仪式是庆祝用户数突破2亿。支付宝总裁邵晓锋承诺2009年年底也要裸一回。

在阿里巴巴的杭州总部，墙壁上随处可见大家一起出游时的照片，员工们自行发起组织了10个兴趣小组，每个组都有一句搞怪口号，活动费用由公司承担。马云曾这样说道：

压力是自己的，不应传染给员工。我一直和我的同事说，没有笑脸的公司其实是很痛苦的公司。我最喜欢猪八戒的幽默，他是取经团队的润滑剂，西天取经再苦再累，一笑也就过了。

阿里巴巴每年至少要把1/5的精力和财力用在改善员工办公环境和员工培养上。阿里巴巴有一种学校才有的轻松氛围。绿色植物、各种玩偶、贴图……员工的办公桌上永远是花花绿绿，而不是整齐划一的。

淘宝进门处有个“淘宝小店”，卖的是带有淘宝小蚂蚁 Logo 的各种商品，钥匙扣、雨伞、玩偶，应有尽有，员工能以员工价购买。这些小东西，也是受员工追捧的奖品。每年的年会上，阿里巴巴还会为工作满五年的员工颁奖，奖品是一枚刻有阿里 Logo 和员工名字的白金戒指。这些小细节花费不多，却给员工带来了不少快乐和成就感。

每年的 5 月 10 日，更被定为“阿里日”。所有的员工家属，这一天可以走进阿里巴巴，看看自己亲人的工作环境。马云还会在这一天做主婚人，主持员工的集体婚礼，2009 年就有 65 对员工参加。

马云从来不认为工作的目的只是为了生存，除了一份满意的薪水，他还希望自己的员工可以快乐地工作。

提高工作效率

如果能让员工感受到工作的乐趣，他们的工作效率就会大大提高。无论企业的战略和体系如何优秀，如果员工不快乐，就很难创造出好的绩效。在阿里巴巴，到了休息日，也有很多人在加班，是工作太多了还是员工都是工作狂？马云说，不是。“其实你们认为这是工作，我们认为是工作更是快乐。”“我付员工的工资可能不是同类公司里最高的，但是我自信工作起来，阿里巴巴的员工是最开心的。”

阿里巴巴对员工的工作时间没有严格的打卡要求，只要完成工作任务随便什么时候上下班。阿里巴巴人事部管理人员说道：“像 IT 业，研发性的工作用脑量大，员工处于紧张繁忙的状态。提供优雅一点的工作环境，可以让员工心情舒畅，开心工作。”

阿里巴巴首席人力资源官彭蕾说："阿里巴巴打造的工作气氛是外松内紧。我们是非常讲究执行的公司，以结果为导向，但是这是内紧。我们也非常希望营造一种很宽松的环境，让员工快乐地工作、快乐地生活。公司必须为自己的员工解压，如果他的压力很大，每天都唉声叹气，像包身工一样，那就太可怕了。所以在阿里巴巴不习惯的人很不习惯，他会觉得放弃自己的很多想法，按照这个团队的方式来做事。享受的人也会很享受，如果他是一个很积极生活的人，那阿里巴巴是一个很好的选择。"

阿里巴巴 B2B 公司和淘宝网董事崔仁辅表示，阿里巴巴和沃尔玛的企业文化非常相似。再比如沃尔玛在员工中提倡一种 Have fun 的哲学，这也与阿里巴巴倡导的 Work with fun 有着惊人的相似。

创造一个愉快独特的工作氛围，即"Fun 文化"，就是把阿里巴巴打造成一个能战斗、有活力的集体。

加强团队凝聚力

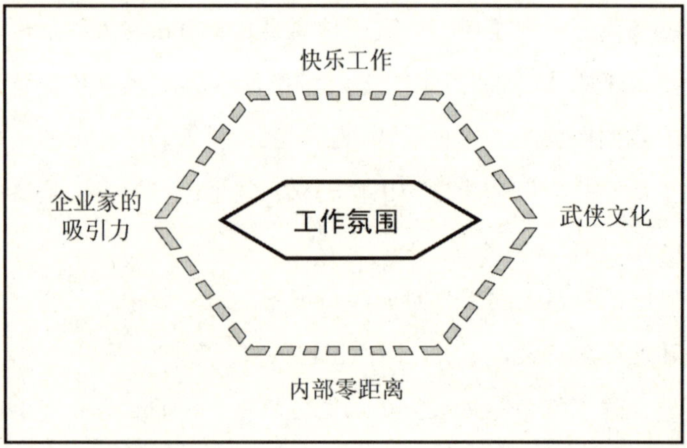

员工关系是加强团队凝聚力、向心力的关键。马云曾说“互联网业务是需要所有人齐心协力打出来的，没有人可以在互联网公司按部就班”。阿里巴巴主张，要“贴心”，不要“花哨”，形式上活泼多样，为年轻员工所喜爱。在工作环境上，阿里巴巴尽量体现彰显个性化的布置。

正像马云所说：“在阿里巴巴，员工可以穿旱冰鞋上班，也可以随时来我办公室，总之一定要让员工爽。”

阿里巴巴集团首席人力资源官彭蕾在一次发言中说道：“我们希望说在阿里巴巴所有工作的人，他既可以快乐工作，也可以快乐生活，同时他可以实现他个人的价值和成就感。我们为了让他们快乐工作，我们成立了很多派，叫阿里十派，当然有很多娱乐的，篮球、足球，甚至电影派，让这些年轻人大家有一个组织，让志同道合的年轻人可以去玩。同时在阿里十派当中，有一个派叫爱心派。爱心派就是一些具有慈善公益意识的员工他们自发组织的一个团体。在地震灾后重建小组当中，大多数都是爱心派的同事，大家会自发地做一些事情。”

更让人捧腹的是各派别的使命口号，一扫工作中的紧张严肃气氛：学好 ABC，泡洋 GG 追洋 MM（英语派）；打好羽毛球，回家拍蚊子（羽毛球派）；凡是未驾的、已驾的，想驾的都来吧（车友派）等等。

尽管在 POD（人员组织发展）专职负责员工关系和文化建设的同事仅有 4 名，但与之相配合的却是阿里巴巴内部的民间组织——Staff Club。当举办比较大型的活动时，项目 Leader 就会发挥各部门所长，如行政部的鼎力支持，市场、网站等部的视频制作等。这就是阿里巴巴的OPW文化 —— Other People Work。这种跨部门的协作，对于精力充沛、学习意愿强烈的年轻员工来说，无疑是更好玩的“课堂外的课堂”。

马云曾这样说过：

Judge 一个人、一个公司是不是优秀，不要看他是不是 Harvard，是不是 Stanford；不要 judge 里面有多少名牌大学毕业生，而要 judge 这帮人干活是不是发疯一样干，看他每天下班是不是笑眯眯回家。

快乐是一个企业竞争优势的组成部分，它应该成为所有公司的第一目标。快乐工作的氛围，可能就是一般企业人才流动率高达 10% 至 15%，而阿里巴巴连续数年的跳槽率仍然能控制在 3.3% 的根本原因。

链接 1

微软的人才观

人才在一个信息社会中的价值，远远超过一个工业社会。原因很简单。在一个工业社会中，一个最好的、最有效率的工人，或许比一个一般的工人能多生产 20% 或 30%。但是，在一个信息社会中，一个最好的软件研发人员，能够比一个一般的人员多做出 500% 甚至 1000% 的工作。自从微软中国研究院宣布成立以来，最常出现的问题是我们为什么要在中国设立研究院？我一向的回答都是："主要是中国有一批优秀的人才。"

"人才"为什么对微软如此重要？举一个例子，世界上最小的 Basic 语言就是比尔·盖茨一个人写出来的。而为微软带来巨额利润的 Windows 也只是由一个研究小组做出来的。而在一个研究机构中，人才的重要性更高，因为研究和开发有着相当的不同。

一位研究员"想"的能力比"做"的能力更重要。一个了不起的研究员（如爱迪生）的成就，是一般的研究员根本无法相比的。举一个计算机界的例子，在 1970 ~ 1980 年之间，Xerox PARC 是一个只有数十人的小实验室。但据我曾在 Xerox 工作的朋友 Alan Kay 说，这数十人有"可怕的才华"。这"可怕的才华"带给了计算机界多项了不起的发明：激光打印机、Bitmap 白底黑字的显示、用鼠标的 GUI（图像用户界面）、图像式的文字处理软件、以太网和面向对象技术。这六项发明，启发了微软、苹果、惠普、IBM、Sun、Cisco 及其他公司，终于在十年后把这些技术带入主流。今天的人类能进入信息社会，Xerox PARC 的数十位研究员功不可没。

因为人才的可贵，比尔·盖茨先生常常提到，对微软最大的挑战，就是继续快速地发掘和雇用与现在的员工一样优秀的人。针对研究，他也曾说，研究的成功完全靠人才，所以微软追随人才，到中国来办研究院。1991 年，当比尔·盖茨先生决定创立美国微软研究院时，他请了多名说客（包括在 DEC 公司带领 VAX 队伍的 Gordon Bell 先生，微软的首席技术官 Nathan Myhrvold 先生），专程到美国宾州的卡耐基梅隆大学，邀请世界著名的操作系统专家雷斯特教授（也就是我现在的老板）加入微软。经过六个月的时间，在盖茨先生三顾茅庐的诚意之下，雷斯特教授终于加盟了微软。雷斯特博士加入微软以后，也同样地用最高的诚意和无限的耐心，去邀请计算机界最有成就的专家参加微软，共创未来。上文提到的一些专家（如在 Xerox PARC 发明激光打印机的 Gary Starkweather，在 Xerox 发明文字处理软件的 Charles Simonyi，在 Xerox 带领软件研究的 Butler Lampson，在 Xerox 带领硬件研究的 Chuck Thacker，在苹果做出 Finder 的 Steve Capps，发明 VAX 的 Gordon Bell），还有上百名在其他方面的世界专家，都在这八年（或更早的时候），经过雷斯特博士的游说，加入了微软。我个人也被微软研究院多年经营的成功及和这些专家共事的机会所吸引，并被雷斯特博士的诚意所感动，最终决定加入微软。

但我也可举一个非微软的例子。在加入微软的第二天，我意外地接到了苹果电脑公司总裁史提夫·乔布斯的长途电话。他在中国找到了我，并告诉我，自 1996 年我离开苹果之后，他曾多次找我回苹果。但是他对我换工作没有去找他感到十分失望。他希望说服我考虑回到苹果。当然他没有说服我，但是我对他的器重非常感激，他的爱才也值得我钦佩和学习。

既然人才如此重要，微软研究院是如何去发掘人才的呢？首先，我们要找有杰出成果的领导者。这些领导者，有些是著名的专家，但有时候最有能力的人不一定是最有名的人。许多计算机界的杰出成果，经常是由一批幕后研究英雄创造的。无论是台前的名教授，还是幕后的研究英雄，只要他们申请工作，我们都会花很多的时间去理解他们的工作，并游说他们考虑到微软中国研究院来。另外，我们要找最有潜力的人。

在中国，因为信息技术起步较晚，所以，现阶段杰出的成果和世界级的领导者比起美国要少很多。但是，中国年轻人（如应届硕士或博士生）的聪明才智、数学基础及创造力等，决不输于美国人。所以，与其说我们是来中国找专家，不如说我们是来中国找潜力。对我而言，潜力包括：聪明才智、创造力、学习能力、对工作的热爱和投入。我认为这类的“潜力”比专业经验、在校成绩和推荐信更重要。如何去判断这些方面的能力呢?

在微软，我们有比较特殊的面试方式。每一次面试通常都会有多位微软的员工参加。每一位员工都要事先分配好任务，有的会出智力方面的问题，有的会考反应的速度，有的会测试创造力及独立思想的能力，有的会考察与人相处的能力及团队精神，有的专家则会深入地问研究领域或开发能力的问题。面试时，我们问的问题都是特别有创意的。

比如，测试独立思想能力时，我们会问这一类的问题：1.请评价微软公司电梯的人机界面。2.为什么下水道的盖子是圆的？3.请估计北京共有多少加油站？这些问题不一定有正确的答案，但是我们由此可测出一个人思维和独立思想的方式。每一位员工面试之后都会把他的意见、决定（必须雇用、应雇用、可雇用、弱雇用或不雇用）、已彻底探讨的方向及建议下面员工可探讨的方向，用电子邮件通知所有下面的员工。最后，当所有的面试结束之后，我们会集体做总结，挑选新员工。

我们通常是在获得全体同意之后才雇用一个人。但是就算全体同意，我们仍会问申请者的老师、同学或其他可能认识申请者的人的意见。若一切都是很正面的，我们才会雇用这位申请者。这样的严格组织、谨慎态度和深入面试代表了我们对人才的重视。经过这一严格的过程，微软中国研究院已经慎重地雇用了40多名员工。很多人认为，雇用人才的关键是待遇。更多人认为，微软来到中国可以“高薪收买最好的人才”。确实，每一个人都应该得到适当的待遇，而在微软中国研究院，我们也会提供有竞争性的（但是合理的）待遇。但是，对一个研究人员来说，更重要的应是研究的环境。

我希望我能够开辟一个特别吸引人的环境，包括：1. 充分的资源支持，让每个人没有后顾之忧；2. 最佳的研究队伍和开放、平等的环境，让每个人都有彼此切磋、彼此学习的机会；3. 造福人类的机会，让每个人都能为自己的研究所研发的产品自豪；4. 长远的眼光和吸引人的研究题目，让每个人都热爱自己的工作；5. 有理解并支持自己研究的领导，让每个人都能得到支持，在紧随公司的大方向的同时，仍有足够的空间及自由去发展自己的才能，追求自己的梦想。所以，我认为如果只是用高的待遇，或许可以吸引到一些人，但只有一个特别吸引人的环境，才能吸引到，并且长期留住所有最佳的人才。在微软全球所有的研究院中，我们的人才流失率不到1%（美国硅谷的人才流失率在30%左右）。我在微软面试的时候，最大的感触是发现每一个人都特别快乐，特别热爱和珍惜他的工作。因此，我在中国给自己的一个目标，就是建立一个同样好的研究环境，让每个人都能在微软中国研究院，满足地追求自己的梦想，帮助微软开发重要的技术，更进一步帮助中国信息界的发展。

（摘编自《我的人才观》，作者：微软前全球副总裁李开复，来源：李开复新浪博客）

链接 2

人才：三星的文化基因

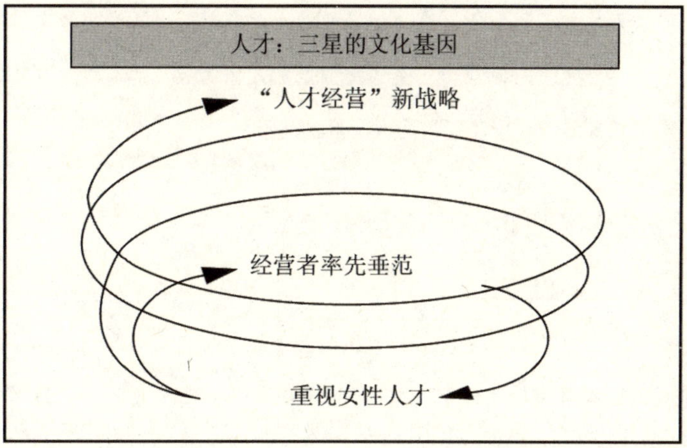

进入 21 世纪后，学术界和企业界普遍都认同一种说法，那就是：企业间的竞争最根本的是人才的竞争。因而企业纷纷将人才经营作为自己的经营理念，以表达自己对人才的重视。

而三星用了短短十年时间就一举成功跻身世界级跨国企业的行列，这其中三星的人才经营哲学功不可没。

被誉为全球第一职业经理人的杰克·韦尔奇在参观完三星设在韩国的人力资源开发院后感慨：三星已经走在了人才培养的前面。

三星认为，一个企业，不是做的事情越多越好，最重要的是人，一个企业拥有多少优秀的人才是最重要的。三星在刚成立时就强调人的重要性，其主要经营理念也一直是：选拔优秀的人才、培养、授权。自成立以来，三星已经培养了很多人才，虽然业务很多，但每个领域都有很优秀的人才，三星认为这是他们能够有今天的成就的原因。三星电子在2004年美国《财富》杂志“世界最受尊敬的企业”电子行业的排名榜上跃居第四，这与三星的人才经营哲学有着密不可分的关系。

在“人才制胜”的今天，三星为了能够在激烈的人才竞争中抢得先机，明确提出了“人才经营”的新战略。如果说前十年三星是以产品质量取胜的话，那么今后十年乃至更长时期内三星选择的是“人才制胜”的道路。与其他跨国公司相比，三星的“人才经营”战略显得与众不同。

“人才经营”新战略

（1）注重吸纳“天才”

李健熙（三星集团前任董事长）强调天才要拥有想象力和创造性。他用了一个生动的比喻来说明“天才”与“人才”的区别：“天才”看见马车就会萌发制造汽车的想法，而“人才”则能把这一想法同交易和经营联系起来。

三星把掌握“天才”或“天才级人才”放在了战略首位。三星认为，一名“天才”能养活10万、20万人。“天才”开发出一个软件，一年轻而易举就能赚几十亿美元，可以创造几十万个就业机会。“天才级人才”能够肩负企业的未来，能够使国家具有一流的国际竞争力。

“天才”毕竟是凤毛麟角。三星并非把企业命运全部押在“天才”身上。“天才”是追求的目标，是要求的尺度。在“天才”出现之前，希望还是寄托在“准天才”和那些具有创造精神的优秀人才身上。三星靠不懈的努力，目前已拥有不少具有世界一流技术水平的“准天才级人才”和一大批企业首脑、技术专家和专业经营者，正是这些人才支撑起了三星的大厦。

三星对“人才”的要求同样重视创造性。李健熙认为，一个企业经营者应该具备诚实、创意、负责、正直、专业五项素质，而其中最重要的是“创意”，企业的领导人要善于描绘公司的蓝图，使全体人员达成共识，迅速决断，并对公司的业务进行比较公正的评价。因此，他应该具备很好的人格，对员工有吸引力，还要有主人翁的精神，对事业要有自信心，对自己所要做的工作有热情，对公司的员工要爱惜。

三星认为，担负企业未来的“人才”应该具有应对变化的洞察力、抢占先机的战略意识、革新和追求挑战的精神、高附加价值信息的搜集和传播观念，以及国际化的广阔视野。三星今后计划培养的人才包括五种类型，即：“天才”、理工科技术人才、妇女人才、有“特性”的人才及国际型人才。

三星物产株式会社人事经理金素英说：“申请人越来越热切地希望加入三星。三星只能挑选申请者中最优秀的人员，因此不得不拒绝很多有天赋的应聘者，这的确是一种困难的事情。”不过他们非常欣赏和注重吸引能主持未来公司“种子事业”的人才，即具有开创新事业项目能力以及具有开拓精神和创造能力的人才。

（2）善用“个性”人才

所谓个性人才就是整体看起来不算十分优秀，但在特定方面兴趣浓厚，才能超人，能够在所在领域独树一帜的人才。这样的人通常不合群，在组织内部协调共事方面存在缺陷，令许多企业经营者很不喜欢，不爱用。但三星认为，“个性”人才对事业极为执著，有望成为特定领域的专家，一旦扬长避短，便可担当大任。

（3）敢用奇才、怪才

三星十分强调使用有“狂劲”的人才，有“特性”的奇才、怪才。三星认为企业只有汇集各色人才，才能不断兴旺壮大。所以三星一直坚持在不同部门大胆任用多种类型的人才，甚至曾经做过电脑黑客的程序高手也因为技术出众而被聘请进公司从事开发工作。1999年，正当风险投资悄然兴起时，当时三星电子软件俱乐部聘请的“软件大玩家们”的薪金达到了2亿元。这些软件方面的专家们并不像人们想象的那样来自名牌大学，其实他们绝大部分都没有接受过正规的大学教育。

随着企业开放度不断提高，三星内部包容性显著增强，已经能够为“特性”人才提供发挥才能的广阔天地。事实上，在三星公司中，很多高层管理人员在学校中的专业和最初进入的领域，与他们现在的职位并不一样。但是却在公司中得到了新的位置和更好的发挥。

三星电子（北美）市场营销部高级副总裁彼得年轻时曾是一个音乐厅的钢琴师。他目前仍然喜欢弹奏钢琴，但他现在在三星领导着一批天才员工，在三星电子（北美）进行广泛的市场拓展策略。

经营者率先垂范

李健熙认为，作为企业经营者必须高度重视人才，因为人才是企业应对未来挑战的最重要的资源。三星很早就把确保人才视为企业经营者最重要的资质，把特色核心和优秀人才的成绩作为考评企业领导的重要指标。

李健熙是三星“人才经营”战略的构思者，也是率先垂范的实践者。他持续地大量翻阅国外有关半导体、电子等方面的科技杂志、书籍，同各国专家进行广泛交流，从中寻找人才并获取人才信息，一有发现就马上指示用人部门进行考察。对职能部门推荐的重点人才，他坚持亲自面谈考察，经过长时间综合研究分析，最后才做出决定。对候选对象的观察细致入微，甚至连其爱好、特长及近期读什么书都不放过。一旦认定是所需要的人才，就再三劝说，一定要得到。原三星电子社长、现任信息通信部长官陈大济，三星电子记忆芯片事业部社长黄昌奎等不少大腕级专门经营者都是李健熙会长亲自发现和一手提拔的。

重视女性人才

重视女性人才是三星“人才经营”战略的又一个特点。

李健熙早在1994年就提出招聘员工时应排除性别因素，男女一视同仁。从2000年到2002年，女性员工在三星集团招收的大学毕业的新员工中所占比重由15%提升到18%和20%，2003年又将目标定为30%。三星聘用女员工数量在韩国企业中是首屈一指的，这在“男尊女卑”传统观念根深蒂固的韩国是难能可贵的。

三星强调重视女性人才是以企业生存发展为前提的。李健熙认为，女性不但具有伟大的母爱，其直感能力和周密细致也是很大的优点。21世纪是感性的时代，进入风险投资企业、信息技术企业的女性企业家日益增多的原因就在于女性具有杰出的创意性和直感能力。

观念转变会给企业带来机制的创新。三星将大量任用女性人才定为众原则之一，越来越多的女性员工被安排到产品开发、事业企划、销售采购的第一线。为给女性人才成长创造适宜条件，三星果断地在招聘、待遇、升迁等方面消除对女性的歧视，并把能力、业绩突出者大胆提拔到管理岗位并委以重任。

第二章

招聘战略

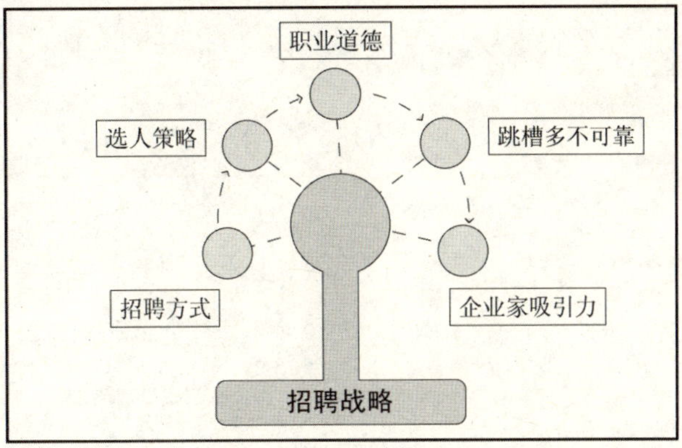

ALIBABA

B2B已经被证明是一种成功的模式，我们唯一的挑战来自于人才，包括我们能不能进一步吸引各类人才，以及能不能进一步吸引发展中的人才，这个是我们在上市前和上市后最大的挑战。

企业人才战略，建立企业的组织智慧体系，第一步就是整合外部人力资源到企业团队中来的能力。马云表示：

B2B已经被证明是一种成功的模式，我们唯一的挑战来自于人才，包括我们能不能进一步吸引各类人才，以及能不能进一步吸引发展中的人才，这个是我们在上市前和上市后最大的挑战。

阿里巴巴高级副总裁邓康明曾经说过：“阿里巴巴非常强调人的文化层面所展示的状态，如态度、个性、行为方式等，与能够在短期之内带来业绩的技能相比，我们更加看重这些软性素质。在招聘的时候，我们会着重考察他在这些方面的情况。行为方式和价值观方面不能与公司契合的，业绩再好，我们都不能容忍。”在阿里巴巴，价值观是决定一切的准绳，招什么样的人，怎样培养人，如何考核人，都坚决彻底地贯彻这一原则。

招聘方式

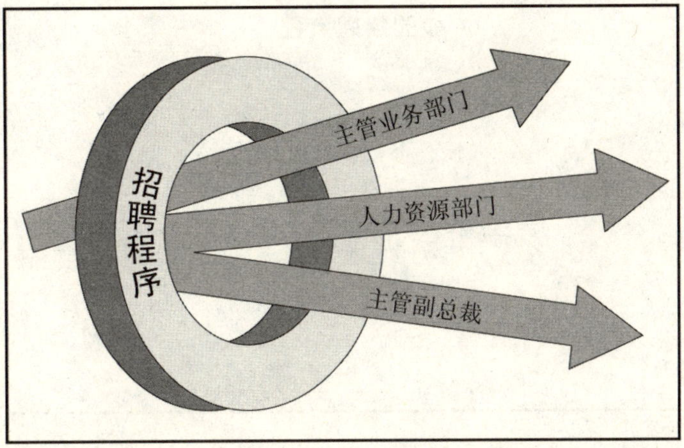

韩国三星集团近年来在市场上表现出令人瞩目的成就，对世人来讲真是一个奇迹。三星如何能够在这么短的时间内掌握那么多的核心技术，制造出那么多耀眼创新的产品？决定因素是什么呢？三星在短时期内掌握的核心技术，来自三星总裁提出的“人才第一”的经营哲学和“以人为本”的核心理念。三星在韩国最早实行公开招聘制，吸引了大批本土人才，成为有名的“精英汇集地”。

阿里巴巴同样非常重视人才的招聘。根据阿里巴巴的招聘程序，一般新员工都要经过主管业务部门、人力资源部门、主管副总裁等几道面试才能正式入职。这几道面试最核心的问题就是“看人”。

阿里巴巴 B2B 招聘总监朱岭说道：“招聘新员工时，我们主要看他们本身是否诚信，是否能融入企业，是否能接受企业的使命感和价值观。业务能力并不是最重要的考虑指标。阿里巴巴崇尚共享共担的团队精神，不希望员工有个人英雄主义精神。这也是阿里巴巴员工流动率一直低于业界平均水平的原因。”

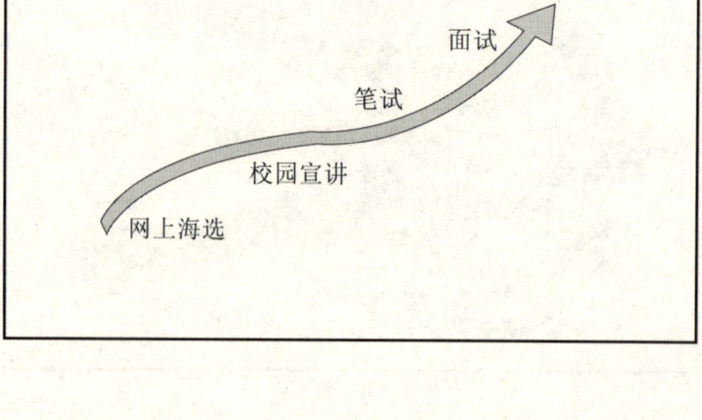

阿里巴巴校园招聘流程共分为四步：第一步是网上海选，这次海选设立了一个门槛——填写简历后必须进行一个快速测试，只有通过者才能有效提交简历。第二步是校园宣讲，现场接收简历，但因为这些投简历者没有经过快速测试，因此录取比例将会比较低。第三步是笔试，对笔试的前 10 名给予总共大约 10 万元的奖励，第一名为 2 万元。最后，由业务主管、人力资源部门和事业部总经理对通过海选和笔试的人员进行面试。通过这层层考验，应聘者虽然有资格进入阿里巴巴，但这时还只能是“准猎犬”，要成为真正的“猎犬”，还需要经过一番严格的培训，使自己的能力增值。

阿里巴巴的招聘具有多种形式。除了专场招聘会、网络、报纸、猎头等这些传统形式之外，阿里巴巴选择了诸如外资招聘、外部推荐等一些创新的渠道。由候选人推荐他周围一些合适的候选人，阿里巴巴针对外部推荐人员设立的奖金甚至达到 4000 元。在这些渠道中，阿里巴巴 40% 到 50% 的新员工来自于网络招聘。

阿里巴巴还可以内部招聘。在阿里巴巴有很多业务可供人发展，包括销售、客服、后台研发等，只要在阿里巴巴当前岗位上工作满 1 年考评合格就有资格参加内部招聘。这里的内部招聘包括淘宝、支付宝、雅虎中国、阿里巴巴等各个子公司的部门。

选人策略

对于阿里巴巴来说，其招聘人才的首要要求就是诚信，马云认为这是最基本的品质，有就有，没有是很难培养的。

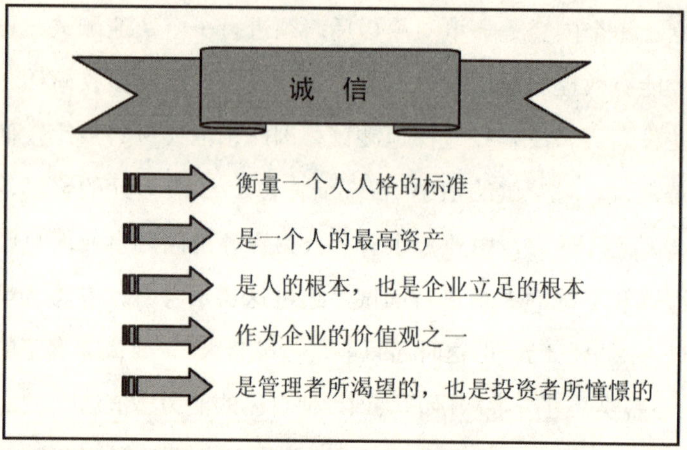

做事情最重要的一点就是必须要讲究诚信。如果你不讲究诚信，你的企业不会走得太远，很多企业因为讲究诚信而得到好处。

马云认为：小企业成功靠精明，中等企业成功靠管理，大企业成功靠的是诚信。

你要想做好一个优秀的生意人、一个优秀的商人、一个优秀的企业家，你必须有一样东西，那就是诚信。诚信是个基石，最基础的东西往往是最难做的。但是谁做好了这个，谁的路就可以走得很长、很远。

诚信是衡量一个人人格的标准，是一个人的最高资产。诚信，不但是人的根本，同时也是企业立足的根本。这似乎是一个以诚信为梦想的年代，多数企业家开始把诚信作为企业的价值观之一。这是管理者所渴望的，也是投资者所憧憬的。联想控股董事局主席柳传志认为，联想之所以能成功，其中一个很重要的原因，就是企业的诚信。柳传志说道：“对于诚信，我们曾经付出了很大的代价，但是我们却因此得到了更大的好处。人真得像爱护眼睛一样爱护自己的名誉。”“联想品牌最核心的东西就是诚信，我们在企业很小的时候我们就注重我们的牌子，注重我们不骗人。慢慢在公司里就形成了这种风格，我们的银行贷款都是靠我们的信誉做担保，这个在中国是很少有的事情，我们就是这样赢得我们的信誉的。”“正是（因为）联想信守承诺，从银行贷款一直没有碰到什么困难。”

阿里巴巴也一直把诚信作为其发展的第一使命。

诚信不是一种销售，不是一种高深空洞的理念，是实实在在的言出必行，点点滴滴的细节，诚信不能拿来销售，不能拿来做概念。

2006 年 2 月 10 日，在阿里巴巴一年一度的全体员工大会上，马云向员工们宣布了以“诚信建设和知识产权保护”作为公司新一年的三大主题之一。马云说：“100 多年前，胡庆余堂的胡雪岩就把‘戒欺’‘诚信’注入了浙商的血脉。在新的历史时期，对阿里巴巴而言，诚信建设更是一项首要的使命。”“诚信的问题不是恢复诚信，而是建设诚信，很多（全球 500 强企业）CEO 谈诚信，他们谈的和我们中国企业不在一个层面上。中国加入 WTO 最大的挑战就是诚信，企业做生意首先做的就是诚信，诚信是最大的财富。这是今天的企业特别是中国企业要面临的问题。”

马云本人也是一个讲究诚信的人，试想如果不是这样，当初身无分文的马云怎么会聚集那么多人愿意跟随他一同创业，甚至在关键时刻为马云两肋插刀提供帮助呢？马云说道：“我最大的财富是，我离开这个公司，跨出这个门，一个电话马上可以融来 3000 万的资金，这是我的信用。我在夜校的学生以及大批的企业家他们对我的信任就是信用……当然人家给了你信用你必须要用好。”

同时，阿里巴巴强调对客户的诚信。阿里巴巴永远不给客户回扣，谁给回扣一经查出立即开除。否则会让客户对阿里巴巴失去信任。马云说道：“中小企业赚钱并不容易，你再培养他们的员工拿回扣，你不是在害（我们）这些客户吗？”

一位在阿里巴巴工作的员工说道：“在阿里巴巴做销售员有 18 条高压线不能碰，如拜访客户记录造假，恶意拜访同事的客户，互相挖墙脚，从客户那里拿回扣，未经许可泄露客户信息，在公司内散布消极言论等，都属于价值观考核的内容，犯了这些错误，肯定走人。”

职业道德

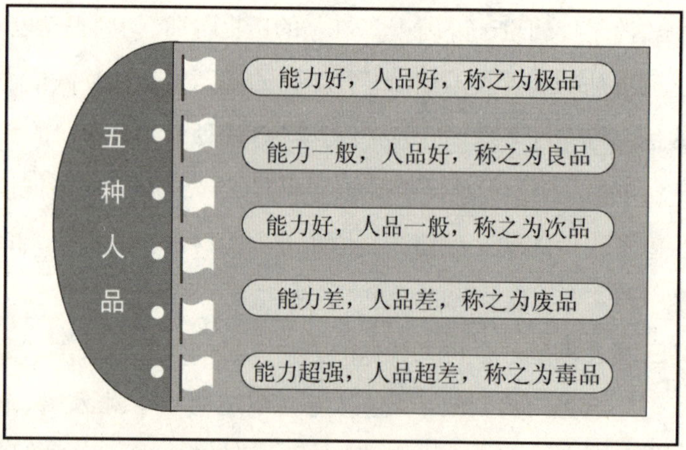

在用人的过程中，现代管理学之父德鲁克认为人品至关重要。他说：“正直的品格本身并不一定能成就什么，但是一个人如果缺乏正直和诚实，则足以败事。”

在任何企业和组织里，总会同时存在五种人：能力好，人品好，称之为极品；能力一般，人品好，称之为良品；能力好，人品一般，称之为次品；能力差，人品差，称之为废品；能力超强，人品超差，称之为毒品。一个人如果品质不好且能力差一点，还不至于有大的危害。反而是一个能力非常强、智商非常高的人，如果品质败坏，那他所造成的危害就会非常大，有时候甚至会达到致命的程度，断送一个单位、一家公司。

世界上一些知名的大企业，无不将人品看得比什么都重要。摩托罗拉公司非常注重员工的品行和职业道德，如果一个应聘者的品行不符合摩托罗拉的要求，就算他的专业背景再好，摩托罗拉也不会录用。

微软公司前副总裁李开复曾说："我把人品排在人才所有素质的第一位，超过了智慧、创新、情商、激情等，我认为，一个人的人品如果有了问题，这个人就不值得一个公司去考虑雇用他。"

人才是可以后天培训的，但人才若缺乏人品，闯的祸反而比庸才更大，因此企业选才，才华再高，没有人品宁可不要。阿里巴巴在招聘的时候，会选择一些较高职业道德的员工。

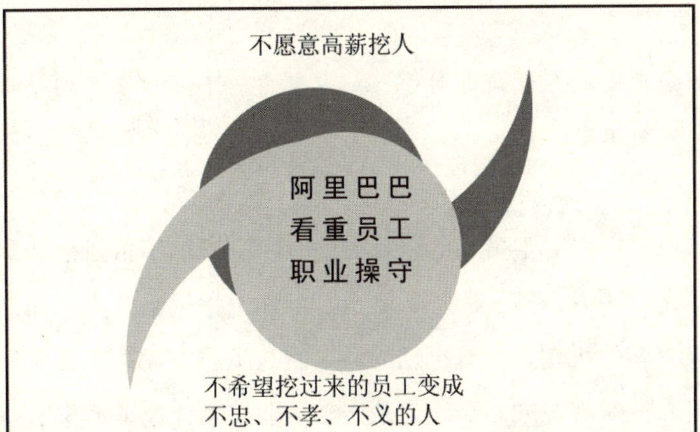

阿里巴巴很看重员工的职业操守，这是阿里巴巴不愿意高薪挖人的一个重要的原因。

中国互联网的搜索人才短缺，2005年，Google为了招聘优秀人才，打出了招聘50个李开复的关门弟子牌。当阿里巴巴收购雅虎中国全面向搜索引擎转型后，同样要招聘搜索人才，对此，马云说道："我们已决定在全国范围内至少招聘100名搜索方面的技术人员，其中50名来自大学的应届毕业生，11月下旬我将进行全国校园轮回宣讲。"但马云表示：

我们不但绝对不允许自己公司挖竞争对手的人，也不允许我们的猎头挖（竞争对手的人），同时也排斥我们的竞争对手挖我们的人。

对于Google大中华区总裁李开复的50个关门弟子，有人表示可以挖过来，但马云说道："这些人每个人的违约金是5万，即使我们全挖过来也不过250万。但我们绝对不会这么做。"

假如是竞争对手的人主动跳槽过来呢？对此，马云表示：

如果不是剧烈竞争的对手，可以考虑一下；如果是剧烈竞争的对手，绝对不会接收。

阿里巴巴很看重员工的职业操守，阿里巴巴不希望挖过来的员工是不忠、不孝、不义的。从竞争对手那边挖过来的人，如果让他说原来公司的机密，他对自己的旧主就是不忠；如果不说原来公司的机密，他对现在的新公司就是不孝；即使不让他说原来公司的机密，他在工作中也会无意识地用到，这样他就是不义了。

有一次阿里巴巴要招一个销售人员，马云和一个应聘者谈得很好。马云回忆说："我觉得他真的很聪明、很伟大，我们都决定要他了。结果走的时候他讲了一句话：'我真喜欢你们公司，我会把我手头上所有的客户都带到你们公司来。'我说 Sorry，我们要的是你这个人，不是你的客户，人可以重新建立新的客户。如果你把手头上的客户都拉到我这里来，不够规范，不够职业化，我绝对不要这样的人。"

对公司的不忠诚是阿里巴巴难以忍受的事。在公司的时候对公司充满了抱怨，离开公司后马上投入竞争对手的公司，这种做法违背了阿里巴巴公司的伦理。马云谈道："我现在发现很多人一离开一个公司就开始骂这个公司，这样不好。我建议你们，如果发生什么事情离开一个公司时，不要抱怨，抱怨只会让你更不受人尊重，这是没有职业道德修养的一种体现。美国有个 GE 公司（通用电气）和西门子公司竞争很激烈。两者竞争激烈到 GE 出来的员工认为'我再烂，我也不去西门子'；同样，西门子出来的人也是如此。这是因为一个 GE 出来的人如果进了西门子，当西门子这边的人问起你在 GE 那边是怎么做的时候，你说了，对不起 GE 那些曾经和你一起拼搏的兄弟和老板；你不说，又对不起现在的新同事。所以这些员工才坚决不去竞争对手那里。我们一直强调的职业道德，就是这个。"

跳槽多不可靠

吕布被人们称为"三国"时期第一英雄好汉，其武艺达到炉火纯青的地步，脍炙人口的“三英战吕布”，就是他武艺高强的最生动的体现。但即使如此，吕布最终却不为人所喜欢，因为他总爱“跳槽”，用心不专。其最大毛病就是目光短浅，见利忘义，过河拆桥，朝秦暮楚。丁原本是吕布的第一位义父，董卓送吕布一匹赤兔马，他便被收买而变了心，残杀了丁原。认董卓做干爹后，吕布又被女子貂蝉所迷，与董卓争风吃醋，结果把董卓送上西天。

后来被人撵出长安后，吕布如丧家之犬，到处再找投靠的主人。先是投奔南派盟军首领袁术，他说，袁术呀，我杀了董卓替你报仇了（董卓杀了袁术的叔叔袁隗），够哥们吧，现在我来跟你混饭吃你不会不答应吧！袁术回道，谢谢啦，不过你这人太危险，跟谁混到头来就杀谁，我还想多活几年呢，你就另谋高就吧。

此时天下只有袁家两兄弟最牛，弟弟这边吃了闭门羹，就去投靠哥哥吧。袁绍比袁术厚道些，收留了他，派他去攻打黑山贼张燕，张燕当时跟公孙瓒联合打袁绍。吕布出师告捷，占领了黑山，不过仍然要求袁绍派增援部队来。袁绍起了疑心，这哥们是不是要自立呀？哎呀，是个地雷，还是把他除掉吧，要不然今晚又失眠了。就派人去刺杀吕布。吕布惊觉，赶紧逃往河内。他又去投奔张邈等人，但总落不住脚。濮阳大败后，吕布走投无路，恰遇刘备，刘备好心收留了他，可他又趁刘备出战袁术之机，领兵偷袭刘备根据地徐州。于是乎，吕布的所作所为被人看透，张飞骂他“三姓家奴”，而他终于落得个众叛亲离，在白门楼被手下人盗走赤兔马，只好束手就擒，成了丧家之犬。

吕布的悲哀在于游戏人生，不守信用，缺乏起码的敬业事主道德。在现代市场经济条件下，鼓励竞争，允许人才流动，并不等于背信弃义而不择手段频繁“跳槽”。如果这样，久而久之，也同样会引起人们对这类“跳槽”者的议论。

巨人集团董事局主席史玉柱曾有一个观点：不要挽留想跳槽的员工。他说道：“人跳槽有时会上瘾。一旦开跳，往往停不下来。跳槽时只看原单位的丑，看新单位的美（距离会产生美）。跳到新单位后，才发现新单位也有丑的一面，不久又产生去意。我给管理班子交代过：不能招过去3年跳过2次槽的人，不要挽留想跳槽的员工。”

马云曾这样说过：“我觉得跳槽多的人就像结婚了离婚了、离婚了结婚了、结婚了再离婚了，这个不可靠！我不喜欢跳槽的人，年轻人一个简历上前面五年换八个工作，这个人我一定不要他，他不知道自己想干什么，尤其跨N多的领域，不太会有出息。坚持一个行业，给自己一个承诺，干五年非常重要，跳槽多不是一个好事，今天企业是这样子，明天的企业一定选择你在这个企业里面待多少年、交多少学费、工作努力多少的人。”

在《赢在中国》节目做评委时，马云讲述了自己的事例。马云走出校园的第一份工作是做大学老师。马云说：“我是师范学院毕业的，那个学校都是培养中学老师，我是唯一被分配到大学的。大学毕业的时候，我在校门口碰到我们校长，我们校长跟我讲，马云你到那个学校，五年以内不许出来。我脑袋一拍，好，五年内我不出来。但是我没有想到，我分配到那个学校，一个月工资只有89块。后来深圳改革开放给我1200块。我那时候真压力很大，这边92块，那边是1200块，我说承诺就是承诺，不去就不去。第三年海南开放给我3600块，我那时还是九十几块，所以我说承诺就是承诺，就是不去。”

当时，马云身边有许多朋友和同学都跑到花花世界里去了，从商的、出国的都很多，外界有很多机会，很多诱惑。“如果三天没有新主意，一定会难受得要死”的马云最终还是信守承诺，认真教了6年书，还被评为全校最好的十位老师之一，而且被破格提升为“讲师”。马云在坚持老师这个行业的过程中得到了很多的启示，他说道：

没有想到在学校里教书这5年，给了我无数的好处，懂得了什么叫作浮躁，什么叫作不浮躁，什么叫去听别人，怎么去做点点滴滴，你才会走出好的路来。

很多人会讲，不想当将军的士兵不是好士兵，但是我认为当不好士兵的人，永远也当不了一个伟大的将军，所以每个人都得沉得下去。

企业家吸引力

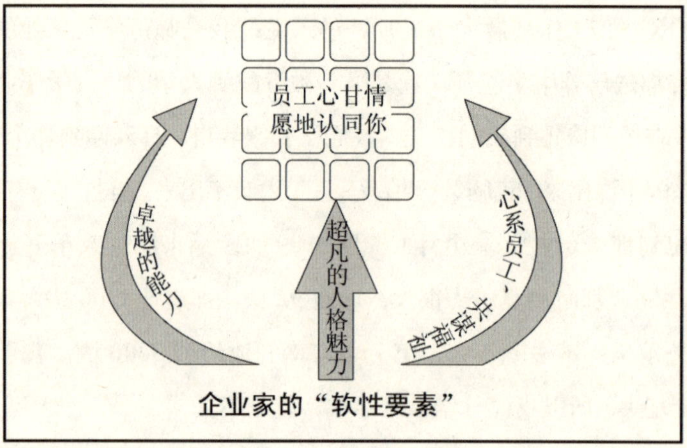

中国员工对领导者有较高的期望，他们更接受“身体力行”、能“胜任”的领导——在宏观层面上，领导需要成为战略家，同时也能在微观层面上进行管理。员工需要一个榜样来示范对他们的要求，这样他们可以复制榜样的行为。

一个企业管理者要真正让员工心甘情愿地认同，要靠自身的“软性要素”：一要凭借卓越的能力让员工心悦诚服；二要凭借超凡的人格魅力让员工心存敬仰；三是通过心系员工、共谋福祉的理念与行为而获得员工的拥戴与追随。

联想控股董事局主席柳传志曾经用孔雀和老虎来形容企业的领袖人物：孔雀善于展示自己的美貌，以此影响别人心甘情愿地跟着走；老虎依靠自己内在的力量，威风凛凛震慑四方。马云属孔雀型。无论在外界如何被误解、无论公司陷入如何的困境，追随的人始终没有放弃掉对他们的信心。

马云曾这样说道：“第一天我就不想控股，一个 CEO，一个公司的‘头’绝对不能用自己的股份来控制这家企业，而是应该用智慧、胸怀、眼光来管理领导这家企业，如果你发现所有的人是因为你控股而跟着你，那是没有意义的，因为这只是一批乌合之众跟着你。所以我在公司的建设过程中，不让任何一个人、任何一个机构、任何一个投资者来控制这个公司，而是以科学合理的方法管理。”“今天我唯一可能拥有的长处，就是我比大家容纳得多一点。”“我发现这个世界美妙的是可以看到各种各样的人，尤其在这个公司里面，你带着欣赏的眼光看别人，你怎么看怎么顺眼；你要讨厌一个人的时候，你怎么看怎么不顺眼。”

2009 年 5 月 16 日上午，马云刚一出现在广州流花展馆一楼大厅一个箱包摊位前，立刻引起了一阵小规模骚乱。来自全国各地的淘宝卖家紧紧围住了他，齐声大喊："马云，马云。"阵势丝毫不输给任何一位娱乐明星出现引起的粉丝狂欢。于是，马云准备把几百个摊位一一看过的初衷只好作罢。马云的偶像效应很大程度上来自其出色的市场领悟能力。一直以来，他在开拓经济模式和判断经济走向方面都有过人的表现，对很多创业者来说，这些都是他们梦寐以求的素质。阿里巴巴的许多员工也承认是因为马云才选择进入阿里巴巴的。

但是管理一个团队，绝对不是凭某一个人就能吸引住人的。马云很有自知之明：

很多人认为是我的吸引力，不是。如果管理层问题重重，那你谁也吸引不过来。这帮人都是聪明人，前景好，能做事，他们才来。否则老是卖我人情肯定不行。

影响力的最高的境界是士为知己者死。阿里巴巴资深顾问关明生在一次演讲中说道："所有人都抢着为你做事，谁害怕？你的竞争对手的老板就害怕了。我们以前有这个情况，所有人都抢着来帮忙。马云说最不喜欢三种人：上海人、香港人、台湾人。但是，他的首席技术官是谁啊？是上海人。他说他还有一种不喜欢的，就是海归。那吴炯就是了，他又是上海人，又是海归。我是香港人，在英国长大，都不知道有多少海归了，然后回来了，是他的COO。马云说：'奇怪了，虽然我不喜欢这三种人，但是我们现在是梦幻的组合。'我们都抢着来帮忙，为什么？所以这个是很关键的，怎么样让所有人都抢着为你做事。"

链接 1

通用电气：五级考核甄选优秀人才

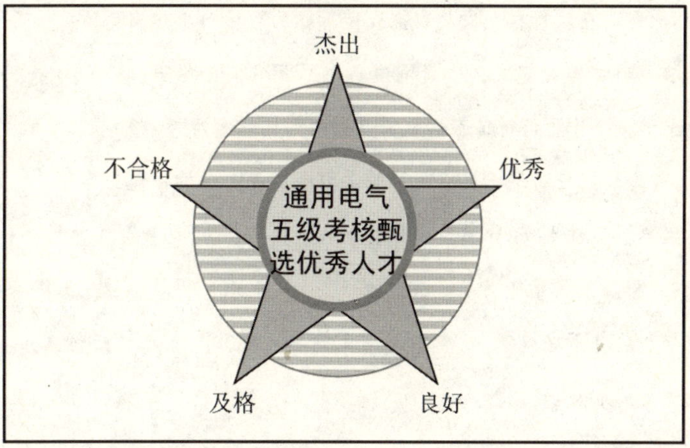

世界500强排名前列的美国通用电气之所以持久而强大，很重要的原因在于它拥有一套科学合理的内部考核制度，能够及时地发现与提拔公司内部有能力的人才。

通用电气公司每年都要对公司的职员进行统一的考核，职员经过考核后，确定为五个等级。第一至第三级的人员将获得职务或工资上的提升，第一级的职员要受到超级提拔。该公司对待后两级职员不是简单地辞退了事，而是首先搞清他们工作不好的原因，然后给予他们再工作6个月的机会，让他们改进工作。在改进工作期间，公司对这部分人分三种情况处理：①重新分配工作；②减少他们原承担的责任，降级使用；③工作无法改进则解雇。

通用电气考核的五个等级标准如下：

1．杰出。具有超出完成正常工作定额的能力。经常对业务经营做出贡献，成为某一领域里的专家；能独立地用基础理论去解决本工作以外的问题；曾被委托执行高水平的工作且成绩显著；在很困难的环境中工作也从未产生问题；能够及时抓住具有首创性、挑战性的工作目标，并能取得成功；是一个精通业务、处理事务稳妥、有潜力的人。

2．优秀。在执行和完成具有挑战性工作的目标时工作出色，每一项课题或工作都能及时、彻底完成，成绩比预期的要好；非常胜任本职工作，工作中能从全局出发；工作上值得信赖，只需要有限的辅导和监督。

3．良好。工作称职，具有足够的潜力去完成交与的任何工作任务，是承担项目的主要业务骨干；工作质量和数量上都比较完善，不需要过多的辅导和监督。

4．及格。经常不能满足所承担的职务上的要求；不具备独立工作能力，必须在辅导和监督下完成工作。假如适当调整到新的工作岗位，改进他们的工作，有可能成为好职员。

5．不合格。不能完成工作定额，产品经常不合格；不具备独立工作能力，过分依赖于辅导和监督，自己不知道去做好工作。调换了工作岗位仍无济于事，没有改进工作表现的可能。

通用电气对每个职员的考核是经常性、制度性的。每年初公司包括总经理在内的每个人都要制订目标工作计划，确定工作任务和具体工作制度。这个计划经主管经理审批并与本人协商确认后予以执行。每3个月对工作计划进行一次小结，核查执行情况，并由经理写出评语，提出下一步工作改进要求。到年底作总结考核，先由本人填写总结表，按公司统一考核标准，衡量自己一年来工作完成情况，拟出自己应得的考评等级数，交主管经理评审。主管经理根据职员表现情况确定其等级，并写出评价报告，对评为杰出的人物还要附上其贡献和成果报告，并提出对他们的使用建议和使用方向；对差等级的职员也要附有专门报告和使用建议。职员的评价报告要经本人复阅签字，然后由上一级经理批准。中层以上报告和使用要由上一级人事部门经理和集团副总经理批准。

在审查全部考核评价表以后，由人事部门按照要求和公司的工作需要，将提高工资和提拔职务的职员分类，分别提升、晋级、培训。

通用电气公司的经理们从长期的实践中深深懂得了人才是他们成功的保证。也因此他们拥有世界上第一流的技术和管理人才，使得通用电气能在激烈的竞争中保持不败并处于领先地位。

链接 2

华为全球技服员工职业操守

1. 秉承公司以客户为中心、以奋斗者为本、坚持艰苦奋斗的核心价值观，竭诚为客户服务，并深刻理解生命的珍贵，在履行工作职责的同时，切实做好安全防范措施。

2. 在自然灾害、战争、社会动荡、艰苦环境等任何情况下，保障客户网络的稳定运行、满足客户网络应急服务需求，是我们最基本的职业操守。

3. 遵守客户作业流程规范，遵守公司交付与服务等各项流程制度，未经审批，不能操作客户网络。

4. 保证客户信息安全，任何时候不利用客户网络资源和信息资源，谋取个人利益。

5. 遵守公司采购、内控等各项流程制度和华为员工商业行为准则，至诚守信，不弄虚作假，不假公济私。

6. 加强全球化意识，提升职业化素养。无论工作在世界的哪个地区，都要遵从所在国家的法律法规，尊重当地文化习俗。

7. 坚持不断学习，提高自身的知识和技能，踏踏实实做好本职工作，为客户提供高品质服务。

专题

招聘程序的四个阶段

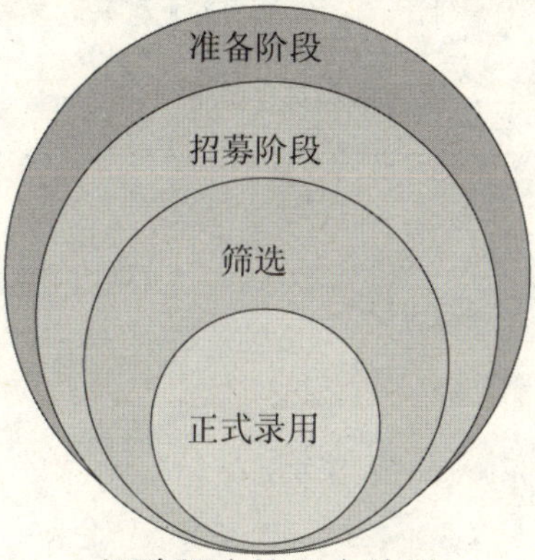

招聘程序的四个阶段

程序即为程式化的按一定顺序组成的工作步骤。人们在长期的人力资源管理实践中总结出了一套行之有效的招聘程序，科学地按照这个程序来进行招聘，不但可以提高招聘效率，网罗到招聘单位所需要的人才，而且还可以节省工作时间，降低成本，因此，它是一名人力资源工作者所必须掌握的。

招聘程序可以分为几个相对独立而又相互联系的阶段：

一、准备阶段

公司要招聘多少人？招聘什么样的人才？采用什么样的策略和方法去招

聘？这些都要在招聘工作开始前确定下来。具体来说，准备阶段要做的工作包括：制订招聘计划，制定招聘策略，确定招聘成员。

1．制订招聘计划。

这是公司人事部门在招聘中的一项核心任务，通过制订计划来分析公司所需人才的数量和质量，以避免工作的盲目性。

制订招聘计划的程序是：

（1）获取人员需求信息，人员需求一般发生在以下几种情况：第一，人力资源计划明确规定的人员需求信息；第二，企业在职人员离职产生空缺；第三，部门经理递交的招聘申请，并经相关领导批准。

（2）选择招聘信息的发布时间和发布渠道。

（3）初步确定招聘团。

（4）初步选择确定考核方案。

（5）明确招聘预算。

（6）编写招聘工作时间表。

（7）草拟招聘广告样稿。

招聘计划一般包括以下内容：

（1）人员需求清单，包括拟招聘的职务名称、人数、任职资格要求等内容。

（2）招聘信息发布的时间和渠道。

（3）招聘团人选，包括人员姓名、职务、各自的职责。

（4）应聘者的考核方案，包括考核的场所、大体时间、题目设计者姓名等。

（5）招聘的截止日期。

（6）新员工的上岗时间。

（7）招聘费用预算，包括资料费、广告费、人才交流会费用等。

（8）招聘工作时间表，尽可能详细，以便于他人配合。

（9）招聘广告样稿。

制订招聘计划中应注意的：

（1）“部门本位主义”。综合平衡与上司审核，在实际中，会出现某些业务部门经理为了本部门或其个人的利益，为了提高本部门单位中的地位和其本人加薪升职的机会，有意虚报职位需求，使本部门人才需求量超出实际需求量。同时也存在着一种相反的情形：企图隐瞒实际的人才需求，而获取更多的既定利益。这些都需要人力资源管理部门在对各部门进行职位分析、需求预测的基础上，考虑了成本收益后对业务部门传递来的职位需求进行综合平衡。经人力资源管理部门综合平衡后的招聘计划是企业的一项重要决策，应由公司老板根据企业的发展战略规划、财务成本收益来最后定夺。

（2）“招聘筛选金字塔”。一些雇主采用一种被称之为“招聘筛选金字塔”的方式来帮助他们确定为厂雇用一定数量的新职员，需要吸引多少人来申请工作。这种金字塔形状的图形显示出：为雇用一定数量的新职员，您必须通过招聘活动网罗来多少求职者？比如，企业知道它在新的一年中要雇用 50 名新的初级会计师，而根据其经验可知，接到企业发给的录用通知的人与实际来就职的人的比例大约是 2:1；也就是说，他们准备录用的人中，大约只有一半人会来报到。类似的，企业也清楚，他们实际面试过的人和他们确定可以录用的人比例大约是 4:3。最后，企业还知道，求职者总人数与企业实际会对其发出面试通知的人的比例是 6:1 左右，即通过企业的招聘广告、大学招聘和其他招聘努力而吸引来的求职者中，只有大约 1/6 的人实际会收到企业的面试通知。一旦这些比例关系确定下来，企业就清楚了，为了能够邀请 200 名可能的候选人到公司来接受面试，它事先就必须要有 1200 名求职者，在接到企业所发出的面试邀请的 200 个人中，大约会有 150 人来接受面试，而企业将会向这 150 人中的 100 人发录用通知，但最后实际上只会有一半的人（50 名注册会计师）会被雇用。

2．确定招聘班子成员。

“千里马难寻，伯乐难得。”要想发现优秀的、合乎企业要求的人才，首先必须要有一个善于发现人才的招聘团，招聘团成员水平、素质的高低和经验的多寡直接决定着企业招聘到的人才是合格还是华而不实的；招聘成员是否公正廉明、仪表堂堂还影响着招聘的收益成本。有时候，招聘成员的选择不当会直接导致招聘工作的失败。

招聘成员水平素质的高低，其有无魅力和感染力，还关系到企业能否吸引优秀人才。因为大部分应聘者对企业的第一次直接接触是在应聘时，他们往往通过招聘人员素质的高低来判断企业有无发展前途，真正优秀的人才非常看重企业人员的素质，如果招聘成员本身有极大的魅力和感召力，优秀的人才会出于“英雄惺惺相惜”“到他这里来有发展前途”的念头而投奔企业旗下。相反，如果在招聘会上招聘者一副外表邋遢、语言粗俗、举止轻浮之势，势必会吓走真正的人才。在大学人才招聘会上，就有很多毕业生是由于某些招聘成员素质较低，而挥袖离去。

招聘班子成员应符合以下标准：

（1）工作积极的人、消极保守的人是不可能招聘到人才的。

（2）对招聘对象的问题百问不厌，对工作充满热情的人。

（3）有幽默感的人。人生本应该像“花”一样，应聘者无不希望谈话的气氛能够愉快、幽默、风趣和轻松，因而都愿意接触开明而爽朗的人。

（4）具有丰富的专业知识、心理学知识和社会经验，练就了一双火眼金睛的人。

（5）品德高尚、举止儒雅、文明、办事高效、有魅力的人。

二、招募阶段

在这一阶段所要完成的工作是吸引求职者，建立起求职者蓄水池，并通过初步筛选选取出符合公司招聘计划要求的求职者。

1．发布信息。企业一旦确定了自己对人才的需要，就应该及时地用合适的方式把这一信息散布出去，否则，没有人知道您这里空着岗位虚位以待，也就不会有人把他的求职书发给您。发布信息时招聘单位可以采用多种多样的方式，一切根据对将要招聘的人才的要求和成本收益对比来做出判断。

（1）报纸。这种方式覆盖面大，但招聘成本却较高。在众多的报纸中，可以根据它们的覆盖地域和读者群来选择您要采用的报纸，如果您需要的是年轻人，您可以选择在《中国青年报》《北京青年报》等报纸上发布招聘广告；如果您仅仅需要的是少量的车床工人，您可以选择在本地的晚报上发布，而不需要到《工人日报》这样的全国范围的报纸上发布。总之，您可以选择用来发布招聘广告的报纸种类、覆盖范围等，一切根据您的需求和成本收益的测量来决定，但用报纸发布广告的缺点是：有些读者根本不去翻看报纸上的广告版。

（2）电视。和在报纸上发布招聘广告一样，您也可以选择在不同的频道、不同的时段、不同覆盖范围的电视节目上做广告。电视能够迅速把您的需求信息传播到千家万户，使众人皆知，但这同时也意味着您要支付更高的广告费用。

（3）通过中介机构发布信息。如果想要到大学校园中招聘即将毕业的大学生，您就要及时地在每年6月份之前把您的信息发给大学里的分配办，由毕业生分配办公室把这些信息发布给大学生；同样您也可以通过人才市场、职业介绍所把信息发布出去。采用这种方式，您可以付出低廉的费用将信息传递给潜在的求职者。

（4）由“内部人”发布。这是一种效果不错的招聘方式。公司现有的职员把公司的招聘信息告诉给他信任和熟悉的亲朋好友，并且他通常认为他的这些朋友将能够胜任招聘的职位。这相当于为公司招聘人员进行了一遍初步筛选。而且，由于公司员工一般比较了解他所推荐的人，因此公司通过这种方式往往可以招聘到符合要求的人选，而且还可以大大节省招聘成本。

（5）信誉。那些既在当地又在全国经营的公司有相当大的吸引力，其中有的公司在用人方面信誉很高，他们无需做广告便不断有人找上门来。

2. 建立“求职者蓄水池”。人事部门的一项日常工作就是建立、维护公司的人事数据库，其中最重要的就是求职者数据库，我们把它称之为“求职者蓄水池”，用以存放每一个求职者的详细信息。在公司短期内暂时出现职位缺口时，求职者数据库可以利用储存的求职者信息，招聘人才，迅速补充到生产经营中去，每一个企业在开始运营时都应建立这样一种求职者数据库，用于网罗人才。在企业将其职位需求信息发布出去后，求职者的求职信和履历表会像雪片一样飞来，人力资源管理部门应及时整理这些文件，把求职者的数据输入到数据库中去。

3. 初步筛选。初步筛选就是要以招聘计划中的职位分析和职业要求为标准，顺序浏览“求职者蓄水池”中每一位求职者的文件，选择符合公司职位要求的求职者。这个过程其实就是寻求求职者的文件资料与职务说明相匹配的过程，在初步筛选中只要求遵循“合格”原则，而并不要求“优秀”原则，即：在初步筛选中，只要是符合公司要求的求职者都把他们“捡”出来，而不是去寻找最符合公司要求的、最优秀的求职者。初步筛选可以节省此后招募和选拔过程中大量的时间和金钱，但要注意以下几点：

（1）全面利用求职者资料中所包含的信息。这些资料包括求职者所准备的求职信（或履历表）和招聘单位预先印制好的由求职者所填写的表格。一般来说，求职者提供的求职信和履历表比仅仅让求职者填写一份预先准备好的表格，能提供更多的信息；而且通过阅读、审查求职者的求职信和履历表，招聘团成员一般就能够对求职者得出初步的判断。但另一方面，让求职者填写事先准备好的表格能使人力资源管理部门获取想要的信息。在实际中，您可以把这两者结合起来，既让求职者写一份自我介绍信，又填写一份表格，这样，人力资源管理部门会获取更多、更有用的信息。

（2）发现虚假信息和遗漏信息。在求职者递交的材料中，作为招聘团成员，应睁大眼睛。如果发现有虚假的和自相矛盾的材料，应予以去伪存真。而对于在材料中反映出来的求职者的其他才能，如书法、文字功底、组织能力等，应该予以重视。

（3）初步筛选时应该注意的信息：求职者的年龄、性别、国籍（可能对某种工作是必需的）、教育程度、资格证书、培训状况、工作经验、现时的薪水、特别的技能、健康状况、闲暇的兴趣和工作变动的原因，以及求职者自我陈述中所包含的信息。

（4）初步筛选后应做好以下几项工作：

与通过初步筛选的候选人建立联系，并确定面谈的时间、地点；

为非公司或企业所在地的候选人提供交通费、住宿费，以保证面谈活动的顺利进行；

给在初步筛选中被淘汰的求职者写信表达歉意以及企业对他们的尊重和感谢。

三、筛选

对应聘者进行筛选是在初步筛选的基础上来决定谁是符合要求的求职者，它是招聘过程中的一个重要组成部分，其目的是比较各位应聘者的综合能力和素质，从中选取出最符合公司发展需要的人才。基于这一阶段的重要性，筛选应由招聘团在运用各种技巧、方法，在对应聘者进行综合评判的基础上审慎地做出。

四、正式录用

正式录用就是最终决定雇用筛选出的应聘者并分配给他们职位的过程。经过2～3次不同方式的选择考核，企业一般可以在应聘人中发现几个符合招聘要求的人选，这时便进入录用阶段。当然，如果空缺职位要求较高，企业也可能发现没有一个符合录用标准，这样，又得返回到招募阶段。录用阶段有四项工作要做：

1．可雇用性调查。对符合录用条件的候选人，用人单位在征得其同意的条件下，可以与其以前工作过的一个或几个单位联系，核实应聘者在简历里、面试过程中所提供的信息的真实性。

2．确定起薪。起薪是一项原则性很强的“艺术”。公司一般都有自己的工资制度，每一级别的岗位应该给予多少工资是相对确定的，至少有一个严格的范围。

3．签订劳动合同。

4．岗前培训。岗前培训是指为使新入职的员工熟悉本企业的各项规章制度和行为规范，尽快地融入企业组织开始工作而对其进行的有关本企业的规章制度、企业文化和工作技能要求的培训。

尽快开始工作。对新入职的员工，人事部门要组织岗前培训，让他们尽快熟悉公司的规章制度、公司的历史沿革和文化、办公室的布置、行政程序、财务制度等。

ALIBABA

第三章

员工培训

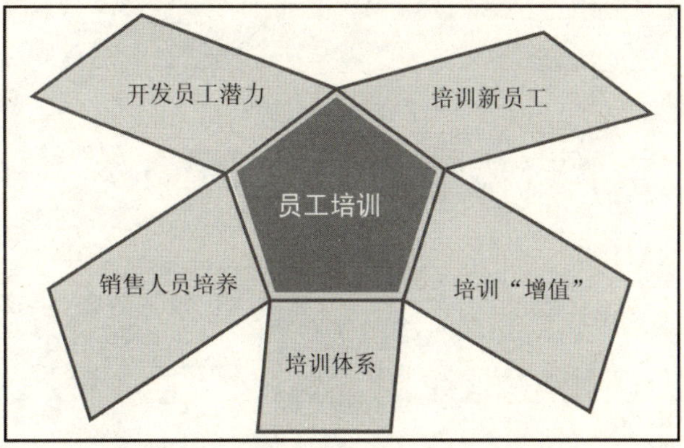

ALIBABA

著名企业家管理学教授沃伦·本尼斯曾这样说过："员工培训是企业风险最小，收益最大的战略性投资。"

在电子商务领域已经走在最前列的阿里巴巴，单纯依赖从其他公司大批量吸收成熟的人才，很难满足每年成倍增长的业务对人才的大量高质需求。而且，阿里巴巴独特的文化氛围和深入人心，外来人员很难在朝夕之间充分理解。如果不能在价值观上达成一致，那么在长远业务上也很难形成统一的共识。因此，对于"人员发展"，执行着"外招内养相结合，同时侧重于内部培养"的策略。所谓"内养"，包含"选拔人"和"培养人"两个方面。

要确保组织发展平稳又迅猛，就要保证阿里巴巴无论发展速度有多快，都能在需要用人的时候有人可用。因此在阿里巴巴，组织发展部门并不叫OD(Organization Development)，而叫POD(People and Organization Development)，以此体现"人员发展"对组织发展举足轻重的影响。POD部门包括四个功能：组织发展、学习发展、文化建设和员工关系。

2004年，马云在接受媒体采访时说道：

在培养人才方面，我们的主要方式是"请进来、送出去"。今年我们引进了30多位高层次人才。如微软中国的人事总裁，金山的CTO等。送出去就是与一些MBA学校和培训班建立合作，把员工送出去学习。

阿里巴巴在员工培训、干部培训上面的投入是很大的。我想与其把钱放在银行，不如把钱放在员工身上。一个公司要成长，主要取决于两样东西的成长。一是员工的成长，二是客户的成长。我们自己成立了阿里学院，主要目的也是培训员工，培训客户。

开发员工潜力

人的潜能就像冰山一样，它有90%都是沉在水面下未被开发的，而漂浮在水面上的10%，就是展现出来的各种能力。一个企业如果善于进行潜能的挖掘和发挥，那么将有效地提高工作绩效、增进企业的创新能力，减少企业冗员数量，造就更加良好的企业文化氛围。因此潜能的发挥对于一个企业的成长与发展、在企业注重人本管理的今天，这个话题无疑具有更加重要的地位。

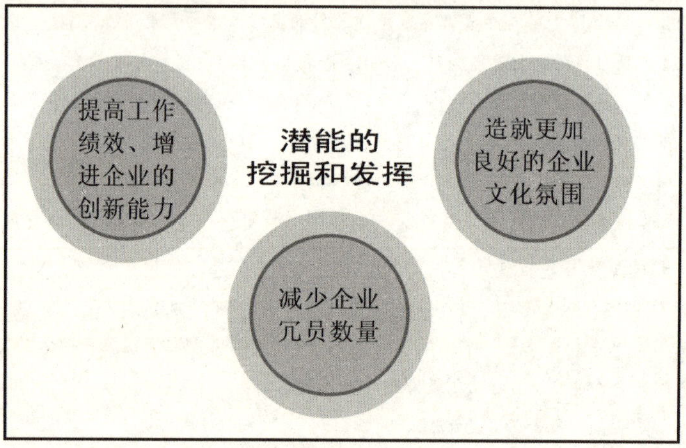

甲骨文公司视人才为企业的核心竞争力，不遗余力地对企业的人力资源进行培训，这不仅使它成为第一家进入中国的世界软件巨头，而且赢得了最佳雇主的殊荣。

被誉为“世界第一 CEO”的杰克·韦尔奇指出，企业的高级管理层要有慧眼识英才的本领。挑选人，挑选合适的人，让这样的人才能够成长起来，是企业高级领导层最重要的任务之一。韦尔奇说：“一个 CEO 的任务就是一只手抓种子，另一只手拿着水和化肥，让你的公司发展，让你身边的人不断地发展和创新，而不是控制你身边的人。”

2005 年 10 月，美国德鲁克基金会董事比尔·波拉德在第 14 届中外管理官产学峰会上这样说道：“世界上最大的一家公司，大家可能也听到过——沃尔玛超市连锁公司。有一天发现他们要清除一些经理出管理层，是非常耗时、耗力、耗经费的，所以他们要花很多的精力来培训这些经理。只有当员工不能胜任自己的工作的时候，才有机会参与公司的培训计划。差不多80%的员工和经理经过培训之后，在新的岗位上取得了成功，所以我想这也是一个例子，我们要尽可能地开发员工的能力和潜力，使他们能够一起来加入到公司的业务活动当中去。”

“兵随将转，无不可用之才。”其实每个人都具备潜在的能力和特长，如何在企业内部建立有效的机制激发员工隐藏的价值并善加利用，或许比花巨资挖角更重要。

记得有记者曾问马云：“您认为这世上缺乏人才吗？”马云十分肯定地说：“不，这世上并不缺乏人才，而是缺乏发现人才的眼睛。”马云说道：“1992年我还在当老师，那个班我刚带了三四个月，突然学校告诉我们：这个班要提前参加英语四级统考，而当时全校四级统考的通过率只有54%。我就跟学生讲：我们这次一定要都考好，而且我坚信大家能够都考好。实际上我估计有几个人肯定是考不过的。

“为了实现目标，我们做了好几张卷子，在全面分析测验结果后再去考，最后我们创造了奇迹。全班28个人全部通过，优秀以上的有11个。这样的结果让我发现，其实人都是有潜力的。事实证明，如果你意志坚决，相信自己能够做到，真的是可以做到的。”

作为企业的领导者，其重要的职能依然是发挥员工的潜能。马云说道：“领导者的另外一个职能，就是发现团队员工中的独特技能。这世界没有坏的员工，只有坏的领导和坏的体系，每个人都有最大的潜力。领导的眼睛看出去都是好人，一个职业经理人看出去都是坏人，领导者在于发现你的潜力并且充分地调动出来，发挥出来，而职业经理是搬砖头。你问领导，觉得这个人怎么样？他会说这个人真的不错。一个真正的经理人必须是一个领导者，我想告诉大家的是，一个企业里面领导者就是领导做人的道理。”

领导要能把员工身上最好的东西发现出来。要找员工的优点，找到这个人自己都不知道的优点，这是领导人的厉害之处。每个人都有潜力，关键是领导要找出这个潜力。

阿里巴巴认为，不只是企业要去发现员工的潜力，员工自己更要注重自身的成长。阿里巴巴认为，当你是员工的时候，你的成功就是你自己的成长，你自己的成长不要等到领导培养你，不要等到公司培养你，你首先要自己培养自己。有很多的本科生，他们今天拿的工资比博士生高多了，因为他们在关注自己的成长，在不断学习。

培训新员工

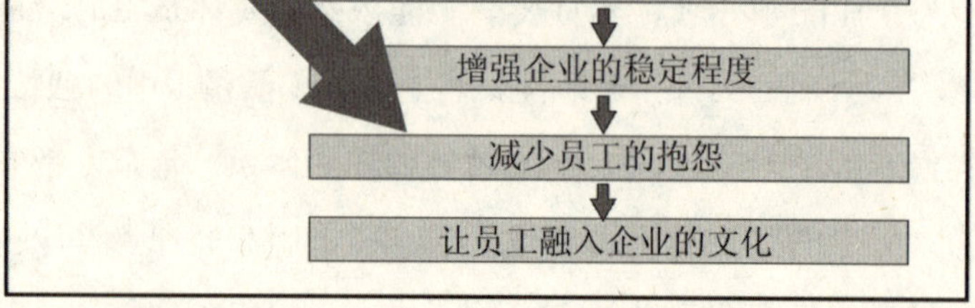

在惠普，所有的新员工培训时围绕的中心问题就是先熟悉公司的规章制度和行为准则。惠普人力资源部门不但会把公司的所有规章制度和行为准则逐一分析给新员工，而且还要把惠普的潜规则告诉新员工。惠普中国人力资源总监张国维说道：“一个不熟悉环境的新员工就像一个走进陌生森林的人，很容易碰到踩到一些危险的地方。人力资源部门要先把这些员工看不到的危险告诉他们，让他们知道哪些区域是绝对不能碰的。”

英特尔对新员工的培训计划在新员工进入英特尔公司之前就已经开始。英特尔要求每一个经理在招聘新员工时，都必须同时准备好一套很完整的员工培训计划，包括行政、技术、管理等各方面的培训。通常来说，一个完整的新员工培训的周期是9个月，通过一系列培训计划的实施，使新员工能够完全适应工作环境，熟悉英特尔的企业文化与价值观、岗位职责，并胜任其岗位工作。英特尔公司要求经理人员每周与员工进行一次面对面、一对一的谈话，不断地了解新员工进公司后的进展，根据实际情况调整培训计划。英特尔“伙伴计划”是帮助新员工适应工作的好方法。

著名人力资源管理专家张晓彤解释了企业对新员工进行入职培训的目的：

1. 对新员工进行培训，可以降低员工流失率。企业培训得越好，员工越愿意留在企业工作。

2. 可以让员工适应工作，进而减少错误、节省时间。把员工需要做的那些规章制度等都告诉他，可以使员工以后少犯错误，节省时间，公司效率就相应地提高了。

3. 可以向员工展现清晰的职位及组织对员工的期望。要告诉他的职位，他是干什么的，你希望他做到什么。

4．帮助新员工更快地胜任本职工作。

5. 增强企业的稳定程度。换句话说也就是降低企业员工的流失率。

6．减少员工的抱怨。员工进来不受到关照，他就会产生抱怨。一次好的培训，会减少员工的焦虑和抱怨，他才能真正地专心干工作。

7．最重要的目的是让员工融入企业的文化。套用联想的一句话叫“入模子”，也就是不管他什么背景、历史、来自什么样的公司，用强化的方式让他集训并很快适应公司的企业文化，大家用同一种声音说话，其实这才是新员工入职培训最重要的一个目的。

为了创建一个伟大的公司，马云加强了对员工价值观的培训。“进我们公司有一个月的专门培训，从第一天起，我们说的就是共同的价值观、团队精神。”

根据阿里巴巴人力资源的调查，一般新员工都要经过 1~3 个月才能融入公司文化。

为了贯彻企业文化，对新入职的员工，阿里巴巴会提供一系列企业文化方面的培训，主要包括对普通员工的百年阿里、百年淘宝培训，以及针对销售人员的百年诚信、百年大计培训。

阿里巴巴新员工培训分为销售和非销售员工的培训。新员工在入职一个月以内必须参加两周的脱产带薪培训，课程项目有公司发展，价值观、产品和组织架构介绍等。

阿里巴巴人员与组织发展部总监李小琼在接受《培训》杂志采访时说道：“一般来说，新人在一个组织里面有三个阶段：结束的阶段、困惑的阶段和重生的阶段。什么叫结束？到了一个新的环境里面，首先是忘掉，结束以前公司里面成功的体验或者是过去旧的流程、工作方法、工作习惯。这是第一阶段我们希望给新人灌输的一个意识。第二个阶段是最困惑、最迷茫的。这个时候会发生一些问题，新人会在1~2个月的时间里面临一些困惑，他们需要改变原来对组织的看法。我们将其称之为‘重新定义’和‘重新定位’，并且要在这个困惑期里迅速让员工产生新认知。

“在顺利度过前面两个阶段以后，新人能很快地掌握新组织里的一些方法，以及老员工非常熟悉的一些表达文化的东西，融入了这个团队。在找到归属感的时候，自然会有一种意愿去贡献，而且也有能力做出贡献，从而获得重生。

“如何帮助新人度过以上三个阶段？在阿里巴巴，我们用新人的指南、新人的关怀、培训和回炉分享这样的方法来帮助他们。

“我们认为一个新人的培训，主要是达到三个目的：一是导航。帮助他在企业里面指明一下方向，告诉他们哪些是边界，不要越过。在阿里巴巴，新员工培训都有自己的品牌，我们叫作‘百年阿里’、‘百年大计’和‘百年诚信’。每个人来了之后都需要明确：我是一个国际站的销售，我要参加的是‘百年大计’；我是一个中国站的销售，我要参加的是‘百年诚信’；我不是销售，我要参加的是‘百年阿里’。这是新员工培训的三大系列。”

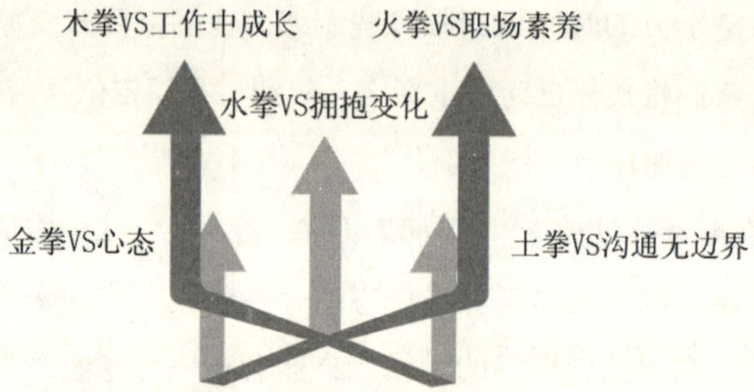

新人培训的‘五行拳’

“从意识层面上，我们叫‘五行拳’，即金木水火土。

“金拳 VS 心态

“从心态上，要有一个至纯的心态。我们老员工的比例就占了4%，没有那么多根深蒂固的东西，没有那么多不可以说的东西。所以，很多纯净的沟通、开放式的沟通是我们所提倡的。

“木拳 VS 工作中成长

“木拳讲究实战，一定要实际、实战、实用。不要太高的期望课堂培训，不要认为进入了阿里巴巴，就应该有很多课堂培训的机会。培训的机会是有，但是新员工在刚来的阶段往往面临很多上岗前期的挑战。

“我们特别希望他们脚踏实地的在三个月的时间里向自己的同事、师傅学习，在工作中成长。

“水拳 VS 拥抱变化

“水拳是属于价值观层面的。‘客户第一’是我们首要的价值观，

‘拥抱变化’是我们价值观里最重要的一点，也是与众不同的一点。因为阿里巴巴变化太多了，基本上组织架构每年都会有一些调整。最近一次调整后，有位新员工跟我说，来了半年时间，上司已经换了两个了。我说这是你很大的一个机会和挑战，就看你怎么去面对它。这种变化在阿里巴巴是最正常的事情，所以，‘拥抱变化’这四个字要像水一样流传在工作中的每一天。

“火拳 VS 职场素养

“火拳是指职场职业化的一些素养。对于新人来讲，职业素养是需要一步步积累的，尤其在一个团队里，这种素养的形成是工作效率的保障。

“土拳 VS 沟通无边界

“亲自沟通是无界限的，无论是跟高管还是跟自己的同事。我们有两种跟高管沟通的渠道，一个叫‘OPEN’，另一个叫‘总裁’。（阿里巴巴）集团下属有五家公司，每个公司有自己的总裁热线，只要与我这个公司相关的业务话题甚至投诉，都可以直接跟公司的总裁沟通。在集团层面，很多新的创意、新的想法，或是需要子公司才能解决的问题，甚至是需要集团解决的问题，会直接发到我们‘OPEN’的邮箱里面去。”

阿里巴巴对新员工的培训一直延续到以后两个月的实习和考试中。考试每周都有，非常严格。不仅考绩效，而且考价值观，价值观的分数占 50%。实习和考试中，一旦发现有的员工能力很强，但不能和团队配合，不能接受公司的要求，这样的员工都被辞退了。也有员工各方面都不错，但在考试中作弊，这样的员工也被辞退了。

阿里巴巴集团人力资源总监吴航说道：“阿里巴巴实行员工发展

双轨制，为不同的员工提供不同的发展通道：一个是管理信道，另一个是专业信道。对朝着两个方向发展的员工，我们都设计了一系列的培训，帮助员工提升自身的能力，实现个人的职业发展目标。在每一个新员工入职时，我们都为其安排一个百年系列的培训。使新员工在进入公司后，能够更快地了解公司的使命、价值观、远景目标、文化、业务等，更好地适应新的环境、发挥自己的能力。

阿里巴巴组织的一些企业培训让刚刚走出象牙塔的学生有了一个很好的过渡，能够在工作中学习，并且关注员工的心理，关注他们的情绪变化。一位刚毕业参加工作的员工和女朋友总是有矛盾，情绪不好，工作干不下去，于是他大声呼吁身边的同事谁有经验能分享，让他成熟一些……正是这样的文化氛围让更多毕业生不断涌入阿里巴巴。

培训“增值”

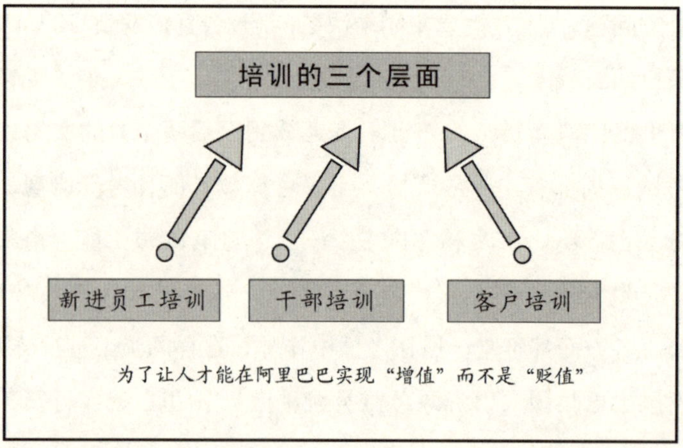

人力资本理论创始人、1979年诺贝尔经济学奖获得者西奥多·舒尔茨（T.W.Schultz）在20世纪60年代依据大量的实证分析得出一个突破性结论：在现代社会，人的素质（知识、才能和健康等）的提高，对社会经济增长所起的作用，比（物质）资本和劳动（指非技术性劳动）的增加所起的作用要大得多，而人的知识才能基本上是投资（特别是教育投资）的产物。按照这种理论，不应当把人力资本的再生产仅仅视为一种消费，而应视同为一种投资，这种投资的经济效益远大于物质投资的经济效益。而且人力资本投资不再符合边际收益递减规律，而是边际收益递增的。

按心理学家马斯洛的人的需求理论，作为个体的员工更需要不断提高工作能力和综合素质，在工作中不断进步并获得足够的成就感。最好的办法是随时给员工充电，让他们感觉到自己在进步，在适应社会的需求。有人说，员工培训是一种投入。但如果不培训企业损失会更大。从这个意义上说，培训是一种投资，而且是回报率很高的投资。

在人才培训方面，西门子创造了独具特色的培训体系。西门子的人才培训计划从新员工培训、大学精英培训到员工再培训，可以说，正是西门子长年保持着公司员工的高素质，是其强大竞争力的来源之一。

海尔集团总裁张瑞敏说过："没有培训的员工是负债，培训过的员工是资产。因为培训过的员工获得了一定的知识和技能，其中包含了利润的成分，可以成为利润的增长点。而从负债变成资产的关键在于员工忠诚度的确立。"为此，海尔为员工创造了各种学习机会，进行了以市场拓展为目标的各种形式的培训，目的只有一个，以提高员工的能力和素质。

同样，阿里巴巴非常重视对员工的培训，多样化、系统化的培训体系和教学相长、不断提升的文化氛围，保证了每一位员工可以源源不断地获取工作中所需要的知识和技能。

2008 年，阿里巴巴人力资源总监朱岭在接受搜狐采访时说道："举个例子来说，我们的销售队伍，每个销售代表到了我们公司就有一个月的培训，我们的基层员工到了公司就有两个星期的培训，所有的这些培训都是脱产的。对高层我们也有一个星期高层的管理培训。你们可以想一想，一个月的培训投入会多么有分量，无论从他的职业发展还是从公司投入方面都是非常重视的。"

马云在创业之前做过 6 年老师，"老师"成了马云一辈子躲不开的情结。对老师来说，他一生最大的财富就是学生。现在，作为一个 CEO、企业家，他认为一个企业最大的财富是员工。作为领导的马云非常重视让员工作为阿里巴巴资产的一部分实现"保值""增值"的过程。他经常说："把钱存在银行里，不如把钱花在培养员工身上。把钱投在人身上是最赚的。""对阿里巴巴来讲，期权、钱都无法和人才相比。员工是公司最好的财富。有共同价值观和企业文化的员工是最大的财富。"

因而，阿里巴巴提出"把钱存在员工身上"的理念。2003 年，马云说道："我们四年来屯兵西子湖畔，在那里训练人马，训练我们的团队，了解客户，了解市场，我们员工达到 1400 名，可能是当今中国互联网企业中员工最多的公司。我们认为与其把钱存在银行，不如把钱投在员工身上，我们坚信员工不成长，企业就不会成长。员工是公司最好的财富，有共同价值观和企业文化的员工是最大的财富。今天银行利息是两个百分点，如果把这个钱投在员工身上，让他们得到培训，那么对员工创造的财富远远不止两个百分点！”“我觉得阿里巴巴未来的钱，我希望最多的是花在人的身上，而不是机器上。”

阿里巴巴高级副总裁邓康明曾说：“我们会给予他各种培训，给予他在不同业务部门轮岗的机会，使他能够在比较短的时间里接触不同的业务，锻炼各个方面的能力。为了培养一些关键人物，我们甚至不惜承担风险把他放到一个重要的位置上，哪怕他一时还难以胜任这个位置。这样的方法使年轻人很快成长起来，互联网不是一个以资历论英雄的行业。”

外界经常这样评论马云：他有时很“吝啬”，像个守财奴；有时却非常慷慨，不出则已，出则大手笔。2004 年，马云曾经对外界说过：

我们今年在广告上没有花钱，但在培训上花了几百万，我们觉得这是最大的回报。阿里巴巴现在有了 120 万会员，而且连续两次被哈佛评为全球最佳案例，连续两次被《福布斯》评为最佳 B2B 网站。在网络电子商务领域，我们会员数跃居全世界第一位。没有我们优秀的员工，根本没法做到。

为了让人才能在阿里巴巴实现“增值”而不是“贬值”，马云可谓投入巨大的“原始资本”。阿里巴巴首席人力资源官彭蕾说：“2001 年的口号是活着。在阿里巴巴不赚钱没赢利的时候，投资 100 万做培训，这是个很大的动作。”马云说道：“你去我们公司两层楼看看，每天都在培训、学习，培训分三个层面：新进员工培训、干部培训、客户培训。”

2001 年互联网寒冬时，阿里巴巴投资 100 万元大张旗鼓地搞培训。2001 年 4 月开始培训。先培训主管，然后是中层、高层。培训课程是请外面专业公司设计的，18 个创始人都必须去听课。

当时阿里巴巴的管理层大多是技术出身，不懂现代化管理。通过对高层管理层的培训，使一大批技术出身、销售出身的干部懂得了现代化管理。这是阿里巴巴现代化管理制度建立的开始。之所以要进行干部队伍的培训，马云说道：“当干部之前你一定要让他学习怎样当干部，中国有很多种干部：第一种是义气干部。上面的领导压下来，都是他顶着、扛着；还有一种是劳模干部。这类人平时干 10 个小时，你把他升为经理，然后他觉得领导喜欢我这样当经理，于是本来干 10 个小时，当经理后干 12 个小时；再一种是专家当经理。因为这个人专业技能非常好，然后你让他当经理，（这样）肯定不行。因为原来四个人工作很快乐，但突然他当经理了，他很得意。他就会意识到另外三个人中一定有人心态会有问题了。于是，你会发现很多经理一上台之后，就会把老员工全换成一批新员工。”

2001 年 10 月底，“一百大”（第一届“百年大计”培训班）毕业。正是通过培训，阿里巴巴这支游击队变成了正规军，阿里巴巴从激情创业走进了制度化、规范化运营。培训使一大批技术出身、销售出身的干部懂得了现代化管理。

面对组织架构的快速发展，迫切需求人才的瓶颈，外部引进人才虽然快捷，但很难满足阿里巴巴公司对人才的大量高质需求。而且，阿里巴巴独特的文化氛围和价值观，引进人员很难在短期充分理解。因此，为适应组织变革，阿里巴巴实行“外招内养相结合，同时侧重于内部培养”的策略。

2008年，金融危机到来之后，马云依然将员工的培训作为一项重要的事情。马云说：

我们有现金，而其中一部分将用于员工培训。经济要发展为以技术作支撑，那就需要多培训。冬天时做好储备，春天到来时就该出发了。

根据员工的岗位和职位的不同，接受培训的内容阿里巴巴也会为员工“量体裁衣”。阿里巴巴针对销售人员的培训叫“百年大计”，针对诚信通服务的培训叫“百年诚信”，阿里巴巴针对所有员工的培训叫“百年阿里”，对客户的培训叫“百年客户”，这是阿里巴巴的百年系列。

阿里巴巴培训课程都非常有针对性，阿里巴巴不会笼统地向员工传输工作技巧，而是根据现阶段员工需求量身定制，例如下面的三门特色课程——“揪头发”“照镜子”“闻味道”。这些培训课程均是从人文视角提升管理者的领导力。“揪头发”是强调看问题要超越自我，扩大视野和判断力，迫使自己向上思考，帮助管理者实现个人成长，带领团队的能力；“照镜子”是管理者之间坦诚相见，发挥自己的长处帮助别人；“闻味道”则要求管理者能调和团队文化和气场，通过敏锐的嗅觉感知团队微小的气氛变化。

培训体系

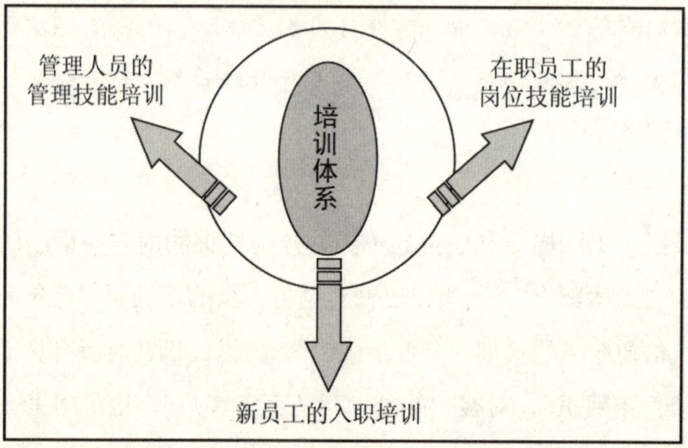

阿里巴巴的培训体系分为三种类型，新员工的入职培训、在职员工的岗位技能培训和管理人员的管理技能培训。上课的形式分为：课堂、夜校、夜谈。课堂是知识体系相对完整、培训时间需要集中的课程，一般要求授课时间是在7个小时以上。夜校是针对管理人员上的课程，讲师一般都是公司的高层管理人员。夜谈是知识体系分散、以员工的兴趣爱好或者生活常识为主开设的课程。

阿里巴巴的培训体系也很简单——在集团人力资源体系下，每个子公司有自己的学习发展部。另外阿里巴巴还有自己的企业大学——湖畔学院，马云创业之初是在湖畔花园别墅，所以“湖畔学院”这一名称更多蕴含了阿里人的精神。

湖畔学院承担着阿里巴巴经理层以上管理者的学习，每年都会邀请全球顶尖的商学院教授来作商业生态圈培训——教授领导者如何从宏观视角看未来商业环境、公司如何和谐发展等。但湖畔学院并没有想象中的实体大楼，也没有教室，不同的培训课程在不同的环境下进行，有的课程被安排在阿里巴巴公司，有的在酒店、度假村，还有一些培训形式是参观访问其它公司。

在培训方面，阿里巴巴努力创造一个满足员工多元需求、充满活力与趣味的立体学习环境。在这个立体学习环境中，阿里巴巴根据员工的层级、职能，将笼统的学习细分为：阿里党校、阿里夜校、阿里课堂、阿里夜谈和组织部，另外针对庞大的销售队伍还组建了专门的销售培训部门，“送课下乡”项目确保了培训学习资源到达一线员工。

“阿里选修课”是针对所有员工安排的学习项目，根据员工不同的能力提升需求和工作内容，设立的供自我报名、自我培训与学习的项目。内容丰富多彩，学习形式多样活泼。内部讲师、外部资源都得到充分发挥。

“阿里党校”是为公司总监级别以上的管理者所专门开设的额外的强化学习和提升，其关注的重点包括领导力建设和战略眼光的培养。“阿里党校”所聘请的专家都是来自于中欧商学院、长江商学院的一线的教授、专家、学者。学员们通过与这些教授一起进行一些战略上的探讨与交流，拓展自己的思路，更好地做出战略决策。而一些能配合诠释阿里领导力、价值观精神的外界热点，也会被大家用各种方式进行学习和交流。例如在人才成长和人力资源定位上，著名的战争电视连续剧《历史的天空》，就成为很好的教材；而对于建立诚信体系，胸怀天下的感悟，则《乔家大院》在阿里巴巴带来一阵学习和讨论的热潮。这些务实、灵活、易理解、易传递的学习和讨论，比一成不变的教材更容易为年轻的管理者们接受并用自己喜欢的方式表达出来。

“阿里夜校”所要强化的对象则是公司年轻的中基层管理人员。夜校由阿里高管亲自授课，是针对目前管理工作中存在的问题，专门为年轻管理者量身定做、旨在提高管理能力的课程系统。为了避免管理人员因工作繁忙等原因擅自缺席，最终导致整个培训计划虎头蛇尾，阿里巴巴制定了这样的规定，管理者可根据自己的时间安排挑选最适宜的学习期次，但是最终必须修完所有的科目。每年阿里夜校学习项目的制定，则由业务部门主管和人力资源主管共同根据公司实际状况进行制定，项目设计、讲师选拔，也经过深思熟虑。

销售人员培养

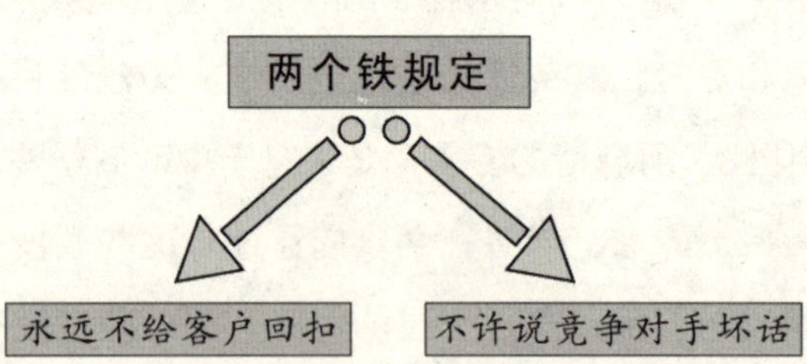

公司永远不给任何人一分回扣，如果说谁给回扣，我们就请这个人离开。如果说没有回扣，公司明天就要关门，那就让它关好了，我们大家去找工作，我们一辈子就是不给回扣。

2001 年，阿里巴巴内部的口号是“活着”。在 2001 年整风运动时，阿里巴巴同时进行了“南泥湾开荒”。“南泥湾开荒”就是培养销售人员面对客户应有的观念、方法和技巧。马云说：

普通企业想到的，可能是把能看到客户口袋内的 5 元钱赚到手，而“南泥湾开荒”追求的是帮助客户把 5 块钱变成 50 块钱，再从中拿出我们应得的 5 块钱。

阿里巴巴首席顾问关明生说道：“销售人员不能招进来就去卖产品，于是我们做了一件很重要的事，就是开销售培训班。自己办。后来李琪（原阿里巴巴首席运营官）把它改名为‘百年大计’。厦门、青岛、深圳、宁波、上海、北京各个办事处的人都到杭州接受一个月的培训，工资 800 元，包吃包住。我和马云主讲价值观，讲方向，彭蕾讲阿里巴巴历史，李琪、金建杭、张英都去讲，李旭辉和孙彤宇讲产品和销售技巧。培训班基本上是一半讲价值观，一半讲销售技巧。通过培训，员工了解了阿里巴巴的使命和价值观，了解了公司的历史，信心大为提高。2001 年 10 月底，一百大（第一届‘百年大计’培训班）毕业。”

“百年大计”的培训内容主要是价值观，其次才是销售技巧。培训班由阿里巴巴自己主办，公司高层几乎全部参与讲课。在阿里巴巴，过不了“百年大计”培训关的新员工不能进入销售团队。马云在培训课上讲道：“我们要求销售人员出去时不要盯着客户口袋里的 5 块钱，你们负责是帮客户把口袋里的 5 块钱变成 50 块钱，然后再从中拿出 5 块钱，每一个销售人员都要接受这种培训。如果客户就有 5

块钱，你把钱拿来，他可能就完了，然后你再去找新的客户，那是骗钱。帮助客户成功是销售人员的使命。”

2008 年，阿里巴巴在招聘销售人员的计划中写道：“我们将花 7 个月时间培养一个新人，先是带薪 1 个月培训，接着是 3 个月试用期，试用期内只要签下一个单子就能转正。如果 3 个月签不到单，还有免死金牌计划，即他们还有 3 个月时间。算下来，相当于 7 个月内做成一单，就能正式转正。”

入职第 1 个月，阿里巴巴销售人员即带薪参加阿里巴巴“百年大计”培训，光培训各项总成本人均 2 万元。此外，销售主管将陪同销售新人一同拜访客户，帮助销售新人快速成长，而对于从事销售一年以上、业绩好、有管理潜质的员工，阿里巴巴将培养其成为管理人员。

阿里巴巴的销售人员除了接受“百年大计”的培训之后，还要接受“百年诚信”。

在销售中违反了阿里巴巴价值观的员工也不能留在阿里巴巴。因为在阿里巴巴，是有“天条”和“高压线”的，无论是谁触犯了都不行。不能作假、不能作弊、不能欺骗客户、不能夸大服务、不能给客户回扣、不能为客户垫款——这些都是天条。马云说道：“阿里巴巴做了两个铁规定：第一，阿里巴巴永远不给客户回扣，谁给回扣一经查出立即开除。否则会让客户对阿里巴巴失去信任。中小企业经理的钱挣来并不容易，你再培养下边的员工拿回扣，你不是在害他吗？培训他企业内部的腐败现象。第二，不许说竞争对手坏话。现在看来取得的效果不错。”

可以说回扣问题成了销售人员价值观考核的一部分。马云说道：“当时回扣风很厉害，2001 年阿里巴巴有一次争论了一天，就是当时给企业做网站一定要给回扣，大概 2 万块钱，不给 20%的回扣人家不跟你做生意，但是给了回扣，又让我违背了我的价值观和违背我们这些人的价值观，我们认为大家都在反腐败，如果你是小企业家，你是个小企业主你让你的手下去跟别人做生意，你给4万块钱，结果你手下拿去了3000块钱的回扣你心里怎么想，你会特懊恼。所以我们站在我们客户利益上面就问要不要给回扣？给回扣我们有营业额，不给回扣我们公司一块钱赢利根本是空话，一天的争论。最后很高兴看到我们公司做出重要的决定，谁给客户一分钱回扣，不管他是谁请他立刻离开我们公司。

“所以当时做这个决定很难很难。但这个决定做出来以后，使得到今天为止阿里巴巴有了这样一个平台，使得我们在中小型企业里面获得很大欢迎，也就是说跟阿里巴巴做生意我们不是给客户回扣，而是把这些钱、这些精力更好地投入到拉更多买家，做更好服务，开发更好产品。”

阿里巴巴为此也辞退很多当时所谓优秀的销售人员。

此外，在阿里巴巴，老销售要帮助新销售，在经验、资源、信息等方面都要无偿共享，仅此一条与多数公司的反差就很大。然而，在大多数企业，都存在着老销售欺负新销售，老人霸占垄断资源是多数公司销售的常态。

单纯业绩不好的员工会得到公司的帮助，马云说道：

我们新来的员工业绩不好，没关系，如果违背我们的价值观去欺骗客户，好，你就一句话都不要讲了。

链接

丰田汽车：延展式教育

丰田汽车公司很重视对员工的在职培训，它实施员工培训的目的不仅仅是为教育而教育，它还要求员工们在培训中接受具体的工作训练，而且这种教育从职业教育一直延展到个人生活领域，教育的内容也极具多样化。

教育内容

曾任丰田汽车工业公司总经理的石田退三在《商魂八十年》一书中，谈到有关培养丰田式人才时说："事业在于人。人要陆续地培养教育，一代一代地持续下去。任何工作，任何事业，要想有所发展，最要紧的一条就是造就人才。"而曾任汽车销售公司总经理的神谷正太郎在《跟着汽车化前进》一书中说道："员工不单纯是提供劳动的人，我们的资产是人才，推动企业发展的是人，也就是员工。"

无论是丰田汽车工业公司，还是丰田汽车销售公司，尊重人的这一思想在根本上是与培养人才一脉相通的。虽然两公司在业务性质、企业作风和人事教育等方面各自不同，但思路认识却是一致的。

丰田汽车工业公司对新参加工作的人员，有计划地实施企业教育，目的是把他们培养成为具有独立工作本领的人。这种企业教育，可以使受教育者分阶段地学习，并且依次升级，接受更高的教育，从而培养出高水平的技术队伍。

丰田汽车工业公司的企业教育，有通过工作来提高业务能力的教育，有业余教育，而且还有发挥员工个人的上进心（自我启发）的教育。丰田汽车公司的企业教育从这三种不同角度，通过各种不同形式已经形成了制度。其中“个人对口鉴定制度”和“自己申报制度”就是为了使员工最大限度地发挥他们个人的才能。

所谓“个人对口鉴定制度”，原来是上司对部下工作的适应性所作的鉴定，但是在丰田汽车工业公司方面，不仅由顶头上司给作鉴定，而且还要参考其他部门的上司和员工的意见进行鉴定。例如，股长要提升为课长时，除了顶头上司给作鉴定外，还要从其他部门选派出 5 个人，就其领导能力和观察问题的能力等 20 多项内容进行鉴定。

“自己申报制度”的内容是，在年度初让每个员工定出一年的工作指标，年度末完成多少，自己的能力能否适应现在岗位上的工作等，由员工本人向上级进行申报。

在丰田，教育的范围不仅限于职业教育，而且还进一步深入到个人生活领域。对这方面，经营管理者非常认真努力的就是所谓的“非正式教育”。丰田汽车公司负责人事工作的人在谈到这种活动时，曾指出：“光靠提高工资和福利保障等，还不能充分调动员工的干劲，仅仅在经济方面、物质方面给予满足不行，人不是光凭这一些而工作的，但也不是自发地产生干劲的。当人们觉得自己的能力能够发挥、自己在不断成长、自己的实力也在提高的时候，当觉得自己的想法和自己所做的事情受到公司和上司承认的时候，当对自己所从事的工作觉得有兴趣的时候，人们才能感到有干劲。”

教育形式

一个公司就整体而言，管理工作就像木桶上的箍一样，没有箍，桶就会成为一堆木板，无法盛水。箍的固定作用，能使公司各独立的部门结合在一起，实现预期的目标。日本企业都非常重视集体的力量，各企业都努力在企业组织内部建立一种“伙伴”型的工作关系，塑造团队协作精神。

对于丰田汽车公司来讲，管理者认为人与人之间的各种活动是广义的教育，它可以从侧面来调动员工的干劲。为此，丰田创造了一系列精神教育的活动形式，作为培养这种干劲的土壤。

丰田汽车公司通过各种非正式的活动来培养团队精神。非正式活动是以非正式的形式设计的，其方向、方法也是多种多样的。把一般单纯由福利保障部门处理的事情，作为培养人才的基础而纳入到员工日常生活中去，这种做法在丰田叫作“人与人之间关系的各种活动”，是丰田独有的东西。

非正式教育包括以下几个方面：

1. 公司内的团体活动

丰田汽车公司内有很多“亲睦团体”，如：

男子团体：由高中毕业员工组成的丰生会，由被提拔的员工组成的丰隆会，由丰田工业高等学院毕业员工组成的丰养会，由自卫队退伍员工组成的丰荣会，由大学毕业员工组成的丰进会，由大专毕业员工组成的丰泉会，由短期大学毕业员工组成的丰辉会，等等。

女子团体：由高中毕业员工组成的绿色会，由大学、短期大学毕业员工组成的绿色俱乐部，由中学毕业员工组成的若叶会，由被提拔的员工组成的若草会，等等。

此外，丰田汽车公司还有按籍贯成立的同乡会，按毕业学校成立的某某同学会，按工作岗位成立的某某部、某某课，按地位成立的部长会、课长舍等，按爱好成立的运动部会 （如网球，棒球及其他）和教养部会（包括围棋、诗歌等各种相同爱好）。因此，每个员工都自然而然地要参加几个团体。

假如这些团体每个月搞一次聚会，每个人每周至少能出席这种社交聚会一次。公司员工通过参加这些聚会，既开展了社交活动，又有了互相谈心的机会。为了这种聚会，丰田汽车公司准备了体育馆、集会大厅、会议室、小房间等设施，供员工自由使用。至于聚会活动的内容和形式，公司概不插手，也不限制。员工用个人的会费成立这种团体，团体内的领导人是互选的，并且采用轮换制，所以，每一个人都有当一次领导人来发挥能力的机会。

这些团体都有一个共同点，即每一个团体都把本团体作为成员之间亲睦、自我启发、有效地利用业余时间、不同职务的成员相互交流的场所。这些团体都认识到，只有企业繁荣了，公司内的团体才能得以发展。

2.“个人接触”（PT）活动

“个人接触”活动，原意为“Personal Touch”，是个人与个人相互接触的意思，是丰田汽车公司1970年以后建立的一项制度。

1972年，为了帮助新参加工作的人熟悉新环境，丰田汽车公司采取了个人接触的形式，即选出一位前辈，把他确定为新参加工作的员工的专职前辈，这位前辈负责对所有事情的向导任务。对新员工来说，这确实是一个很好的做法。

3.丰田俱乐部活动

丰田俱乐部的活动也是生动活泼的。丰田俱乐部是教养部会、女子部会、运动部会、车间修养部会的总称。这些会，由负责的常务董事担任名誉会长。丰田俱乐部的活动与公司内的团体活动齐头并进，公司内的团体搞的是个人本位的活动，俱乐部的活动则使公司团体从横向方面联系起来。

所有这些非正式活动的目的在于，从每个人的潜意识中，消除精神上的孤独感，避免员工产生怄气不干的思想，从而把每个人的干劲调动起来。

4.个人接触恳谈制

个人接触恳谈制（即领导个人接触制度）是工长、组长、班长对员工施行“协助者”的教育，是一种进行“商谈”的训练。

班长一到车间，就管理指导各种业务，是车间的前辈，也是协助者；是质量管理小组的领导，又是降低成本运动的推动者；同时还是“动脑筋创新”建议的汇总者。在开展这些工作的过程中，一方面能对员工实施一对一的指导训练，有针对性地提高其技能技巧，另一方面，不断提高作为企业管理人员的素养。之所以说丰田汽车公司的骨干管理阶层很能干，也是因为他们经过这样多方面锻炼的缘故。他们掌握了系统的技术知识，又具备了车间人事管理的经验，领导能力得到较大加强。

丰田英二总经理，因为本身并不是一个能说会道的人，所以对于人们为系统的教育在宣传劝说方面的努力，给予很高的评价。他说：“人事管理的关键，在于通过教育使人明白事理。”在福特工厂，也是以工长为单位，采用这样的教育制度，可是，由于劳资关系不一样，其成果也是有一定限度的。丰田英二根据在福特工厂参观学习的收获和丰田原来所积累的经验，建立了现在独特的管理教育体制。由于管理教育是以“通过教育使人明白事理”为基础的，所以各车间独立自主地实行了各种各样的办法，其形式灵活多样，有很大的特色。

个人接触恳谈发展到了后来不再局限于仅以人事工作为主题，而扩展到了“故乡通信”等做法。班长、组长每月轮流给新员工的家长写信，进入公司的第一个月，由组长写信和寄送小组照片，接着寄送丰田画报和丰田报。第二个月，由班长用明信片通信。同时，还发给新员工一个笔记本，以便随时记下多种多样的感情、希望和体会。笔记本每周由工长或组长看一次，并提供帮助。就这样，不知不觉地就把新员工包容到它的气氛之中了。

专题 1

“阿里巴巴上门服务”学生实习标准手册

一、标准工作流程

1.在明确自己即将上门实习的企业后

a．上网（阿里巴巴等）查找该企业的资料，对公司概况、产品、服务、组织结构等有初步的了解；

b．上网查询该公司主营产品、服务的资料，对公司产品、服务有更全面的认识；

c．查询该公司的详细地址，以及上门路线、路程；

d．在对企业有了初步的了解后，与该企业负责接待上门的人员电话联系，至少确认以下事项：

（1）告知企业，自己上门的目的和工作范围；

（2）告知企业，自己上门的确切时间（几月几日几点到该企业）；

（3）与企业确认自己上门当天的接待人员；

（4）向企业核实详细地址，并咨询乘车路线、时间；

e．根据企业的电子商务现状，制订详细的上门实习计划。

2.到达实习企业后

a．与企业负责人详细解释《学生上门确认书》，并双方签字；

b. 向企业负责人详细了解公司和产品情况；

c. 通过给企业负责人良好的第一印象，为自己接下来的工作打开局面；

3. 实习进程中

a. 按照上门基本要求和老师的指导开展实习；

b. 上门突发事件处理详见“突发事件处理办法”；

4. 实习结束时

a. 督促企业负责人填写“企业反馈表”（根据企业反馈表颁发实习鉴定，并纳入考核项目），地址：http：//survey.china.alibaba.com/index.php？sid=367

b. 认真填写“学生反馈表”：http：//survey.china.alibaba.com/index.php？ sid=368

c. 告知企业负责人修改诚信通密码。

二、实习基本要求

1. 严格保守实习企业商业机密；

2. 上班时间只允许处理公司的业务，非紧急时不允许处理私人事务（电话、邮件或来访等）；

3. 神态自然，面带微笑，对所有人员均用标准礼仪致意，用语文明、礼貌、规范；

4. 遵守公司规章制度，并按规定标准程序工作或操作；

5. 不在工作和间歇期间喝酒或饮用含有酒精的饮料；

6. 为保证在工作中的充沛精力，应该有良好作息规律；

7. 在任何时候，均应诚恳地接受公司批评，不得与之发生任何口角和争辩；

8. 服从管理人员的调配，未经领导批准，不得以任何借口中止或擅离工作岗位；

9. 爱护公司的一切财物，不得以任何借口浪费和损害，发生损害要尽快通知上级；

10. 了解紧急情况下自己的职责，当需要帮助时，应尽快通知上级；

11. 与同事相互尊重，主动沟通，并在任何时候、任何场所讲究团结协作精神；

12. 必须保持面容整洁、着装得体，与企业文化氛围保持一致；

13. 必须佩戴阿里巴巴上岗证、着规定制服（如果有）、佩戴员工牌（如果有）上岗；

三、学生参加实习注意事项

1. 实习期间，实习学员必须严格遵守实习单位相关规章制度，因主观恶意给实习单位带来的相关损失，由实习学员自行负责；

2. 实习期间，实习学员无论是在公司，还是在从住所往返公司途中，都应严格遵守交通法规和其他社会道德规范，否则，不良后果自负；

3. 实习期间，实习学员要提高自我保护意识，因自己的主观疏忽大意造成的人身、财产及其他损失损害由实习学员自行负责；

4. 参加本次实习，完全是实习学员自己在对实习可能遇到的困难和风险做出必要估计基础上，做出的体现自己主观意愿的决定；

5. 对于参加本次实习，实习学员必须事先和家长做过充分沟通并且得到家长的理解和支持。

四、学生实习标准工作内容

1. 阿里巴巴的基本介绍，包括

（1）播放阿里巴巴最新资料片；

（2）阿里巴巴中文站的整体介绍；

（3）阿里巴巴集团其他产品的初步介绍。

2. 基本网络贸易障碍和疑问的排除，包括：

（1）解决企业出现的基础网络贸易障碍，如找不到密码等；

（2）解答企业关于基础网络贸易的疑问，必要时可咨询阿里巴巴客服。

3. 企业商铺的完善，包括：

（1）依照服务规范完善企业的公司介绍；

（2）通过商铺的外观设置、橱窗布置等提升企业商铺质量；

（3）更新、完善会员资料和诚信通档案。

4. 商业信息的发布，包括商业信息的新发、重发和优化。

5. 有效的商机管理，包括：

（1）管理企业网络商业往来；

（2）主动找买家，通过阿里旺旺洽谈；

（3）通过阿里旺旺接待客户询盘。

6. 基础网站工具的介绍和使用，包括：

（1）介绍支付宝，并依据企业实际情况开展网上支付；

（2）介绍竞价，并结合企业实际情况开展竞价活动；

（3）介绍网络安全常识，完善企业的网络安全措施；

（4）社区的使用，包括论坛、博客等。

7. 开展初级的网络营销，包括：

（1）用中文站每月不同的活动进行增值营销；

（2）运用网上贸易常识和技巧开展贸易活动。

五、突发事件处理（预防）办法

1．在发生危急情况（如火灾），造成财产或人身伤害时，立即拨打报警电话；

2．当自己的人身安全可能或已经受到威胁时，立即联系带队老师；

3．当找不到企业或者迷路时，立即联系带队老师；

4．当企业拒绝安排实习时，立即联系带队老师；

5．当企业不予安排食宿时，可暂停实习，联系带队老师；

6．确保手机充电、充值，手抄老师电话，与带队老师保持联系；

7．有关阿里巴巴操作技能问题，可拨打客服电话：0571—85027110；

8．当企业要求提前结束实习时，可暂停实习，联系带队老师。

专题 2

阿里巴巴的销售及营销选择题测试

第一问《中国供应商》作为一个产品，提供给用户的是：

A：一种外贸的方法

B：一个国外的销售渠道

C：一个出名的机会

D：无尽的商业机会

第二问如果你认为电脑有很强的计算能力，那么，这个特性的电脑的销售用户在：

A：科技机构的学者、专家

B：教育工作者

C：与文字有关的人员

D：学生

第三问客户为机构采购，要求回扣。这不符合公司的规定，但你需要签下这个订单，你会：

A：从自己的收入中支付

B：要求主管破例

C：使用任何可能的方法满足客户的需求

D：给客户提供符合公司规定的变通方法

第四问当你推销的产品的确存在你知道的问题时，你面对可能的客户的询问，应该：

A：隐瞒产品的缺陷，争取完成季度的定额

B：许诺日后会保证无偿调换，争取完成定额

C：许诺客户一些好处，让他知道产品的缺陷，但由于他得到了好处，所以他会帮你完成定额

D：诚实相告，就算无法完成任务，也要交一个朋友

第五问在接触一个客户的时候，你首先应该了解他的：

A：他的业余爱好

B：他的购买力

C：他的性格

D：影响他购买的因素

第六问一个产品成为一个知名的品牌的主要功劳是：

A：有足够的资金做广告

B：有领先意识的产品

C：质量绝对可靠的产品

D：不断更新换代的产品

第七问你现在需要推销一个你自己绝不会购买的产品，你会：

A：反正是工作，又不是自己用，推销就是了

B：拒绝推销自己都不喜欢的产品

C：努力使自己喜欢这个产品，推销的过程也是学习的过程

D：告诉研发部，这个产品没有市场，最好更新产品

第八问客户没有准确理解你给客户的问题的回答的时候，你首先：

A：重新陈述自己的回答

B：使用比喻的、形象化的方法补充

C：算了，在这个客户上花费时间太多不值得

D：重复客户提的问题，明确客户的问题是什么，再做解答

第九问如果你想劝说对方，提供信息比寻找信息更好

A：对

B：错

第十问当销售员开始劝说时，一般来说，陈述的信息比对方需要的信息多：

A：是的

B：不是

第十一问在开始第一次会谈时，描述你的产品的所有细节是很重要的，这样买方才能确切地知道你能提供什么？

A：正确

B：错误

第十二问当买方说明一个难题，而且这个难题正是你可以解决的问题的时候，你应该立刻提供你的对策。

A：对

B：错

第十三问在业务会谈中，你向买方描述的特征越多，越有可能做成这笔生意。

A：对

B：错

第十四问异议是买方感兴趣的一个信号。因此，你收到的来自客户的异议越多，你越有可能做成这笔生意。

A：对

B：错

第十五问成功的销售会谈中，谁说得最多？

A：买方

B：卖方

第十六问当你接近一个新的客户的时候，你认为他希望首先听你说什么？

A：你的名字

B：你的产品

C：你的公司

D：你的提问

第十七问客户离开你一周后，你希望客户还可以记得你告诉过他的什么？

A：你的产品的特性

B：你的品牌

C：产品的价钱

D：你的名字或地址

E：以上都有可能

第十八问你认为客户购买你产品的动机是：

A：产品的品牌值得信任

B：质量可靠

C：带来更多的商业机会

D：在同行中脱颖而出

第十九问你认为赢得一个客户的订单是由于：

A：你的产品的质量

B：产品的价格

C：产品符合需求

D：得到了回扣

第二十问获得一个新客户比维护好一个老客户：

A：更难。

B：更容易

C：难说

D：没有想过

ALIBABA

第四章

用才策略

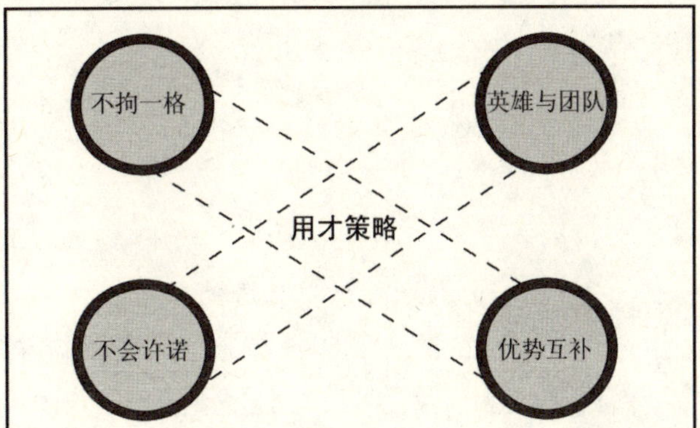

ALIBABA

古人云："打天下用人在于人和，治天下用人在于无才不用、用尽天下才。"这句话前半句强调的是团队的重要性，后半句强调的是让人才各尽其能。其实，建立良好的团队和学会广泛用人这两点是密不可分的，对于管理者也是十分重要的。

不拘一格

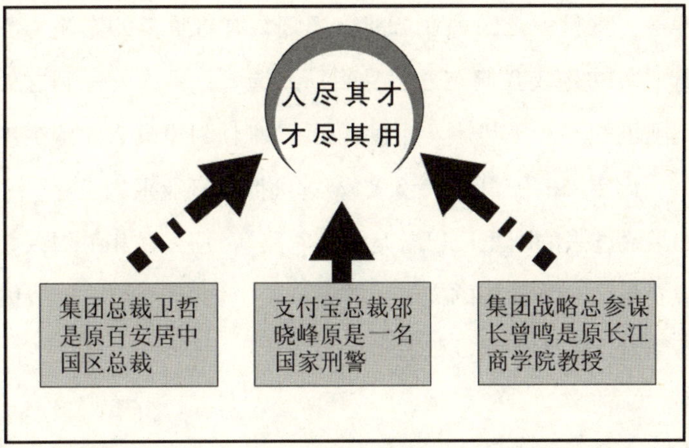

NBA 用人不拘一格，唯才是举。不论肤色国籍，不管宗教信仰，只要有真本事，就给你提供大戏台，让你纵情表演。为了使天下人才为我所用，NBA 星探满世界侦察，全方位搜索，一旦发现人才就紧抓不放。为了挖姚明，火箭队的经理就不厌其烦，飞来飞去，用了 3 年工夫，才使小巨人加盟成功。NBA 用人不订死框框，有本事就用。就球星来说，最高的有 2.29 米的布拉德利，最低的有 1.65 米掘进队的小矮人；既有重达 300 多磅的"大鲨鱼"，也有身轻如燕的艾弗森，他们都在 NBA 大显身手。其次，人才流动，水活鱼肥。

从阿里巴巴的高层管理团队成员中我们也可以感受到一句话：“不拘一格降人才”，其中阿里巴巴集团前总裁卫哲是原百安居中国区总裁，他深谙企业融资与投资之道，并且对企业全球化拓展有一定的理解，对阿里巴巴成功上市和海外市场拓展起到至关重要的作用。支付宝总裁邵晓峰原是一名国家刑警，他凭借其 20 多年的刑侦经验让支付宝成为国内首屈一指的在线支付平台。阿里巴巴集团战略总参谋长曾鸣是原长江商学院教授，其对于阿里巴巴集团电子商务、搜索、支付、社区等业务战略规划，有着重要的影响力。从阿里团队成员的构成我们充分感受到马云选人、用人的独到之处，也感受到阿里的“人尽其才，才尽其用”。难怪阿里的人才流失率不超过 10%，淘宝网的流失率仅为 3%，远远低于行业平均水平。

如果说过去的阿里巴巴曾是“土八路”，那么在相继引入多位具有实战背景和豪华简历的高管，并逐渐走上国际化运作的路线之后，人们不禁对这支队伍刮目相看了。

英雄与团队

华为总裁任正非曾说：“公司的总目标是由数千数万个分目标组成的，任何一个目标的实现都是英雄的英雄行为所为。我们不要把英雄神秘化、局限化、个体化。无数的英雄及英雄行为就组成了我们这个强大的群体。我们要搞活我们的内部动力机制，核动力、油动力、电动力、煤动力、沼气动力……它需要的英雄是广泛的。由这些英雄带动，使每个细胞直到整个机体产生强大的生命力，由这些英雄行为促进的新陈代谢，推动我们的事业向前进。

“因此，华为公司不会只有一名英雄，每个项目组也不会只有一人成功。每一次小的改进，小组都开一个庆祝会，使每个人都享受到成功的喜悦。你也可以邀请更多一些人参加，让更多人知道。当你乐滋滋的时候，你就是你心目中最崇拜的英雄。不要以为公司没有发榜，英雄就不存在。公司的管理总是跟不上你的进步，不因它的滞后而否定了你。即使发榜也只会选择少数代表，也不因为没有列入，你就不是英雄。是金子总会发光的，特别是在湍急的河流。高速发展的华为公司给你提供了更多的机会，在团结合作、群体奋斗的基础上，努力学习别人的优点，改进自己的不足，提高自己的合作能力与技术、业务水平，发挥自己的管理与领导才干，走向英雄之路。做一个从没得到过授勋的伟大英雄。”

任正非认为，英雄是一种集体行为，是一种集体精神，要人人争做英雄。他希望华为内部要多出英雄，多出集体英雄。

阿里巴巴也是靠团队打天下的，而不是靠个人英雄主义。如果没有马云，阿里巴巴的诞生和发展都是难以想象的。然而没有团队，没有这支人才济济、优势互补、共患难共成长的团队，阿里巴巴的成功也是不可能的。

企业的规模越大，涉及的业务领域越广泛，也就越难以协调管理，无论个人的见识多么广，才能有多么强，也难于应付自如。于是英雄的局限性就显现出来了。越来越多的组织已经发现，相比于其他工作方式，以团队为基础的工作模式取得了巨大的成绩。

尽管马云对阿里巴巴有着不可替代的重要作用，但马云不懂技术，也不很懂财务和法律，也不精通管理，离开他手下的那些独当一面的大将，他又如何成就一番事业呢？即使是马云，也从不认为自己是阿里巴巴唯一的英雄，他说：

互联网必须结束个人英雄时代，必须进入团队发展。

还在创业之初马云就说过：

竞争对手能够拷贝我们的网站，但是无法拷贝我们的文化，无法拷贝我们的团队，凭借我们富有创业精神的团队，即使所有的机器在瞬间毁于一旦，我们也能够在最短的时间内重建阿里巴巴。

阿里巴巴公司是靠团队打天下的。打造团队是阿里巴巴的重中之重，其分量远远超过了为企业的发展融资找钱。打造团队并非一时一地的工作，而是一个持续的过程，可以说阿里巴巴的团队打造伴随了阿里巴巴企业发展的全过程。阿里巴巴创业十余年的最大的成果，不仅是开创了成功的电子商务平台，不仅是在中国市场上战胜了 eBay 中国，也不仅是在香港成功上市，最重要的是锻造了一支国际一流的团队。阿里巴巴 CFO 蔡崇信甚至将阿里巴巴的团队称为“梦之队”。

蔡崇信担任 Investor AB 副总裁是百万美金的年薪，加入阿里巴巴后只有每个月 500 元人民币。对于为什么要加盟阿里巴巴，蔡崇信说道：“阿里巴巴特别吸引我的：第一是马云的个人魅力；第二是阿里巴巴有一个很强的团队。1995 年 5 月第一次见面在湖畔花园，当时他们只有 16 个人。第一感觉是马云领导能力很强，团队相当凝固。开始做公司，一个人做不起来，有了团队成功的概率会更高。把(阿里巴巴）这个团队和其他团队比较，这个团队简直是个梦之队。我们团队高层背景不一样，各有短长，可以互补。马云能认识到别人的长处，了解自己的不足和需要帮助的地方。互相弥补的心态很重要，否则会有怨气和冲突，这是组建团队的关键。”

优势互补

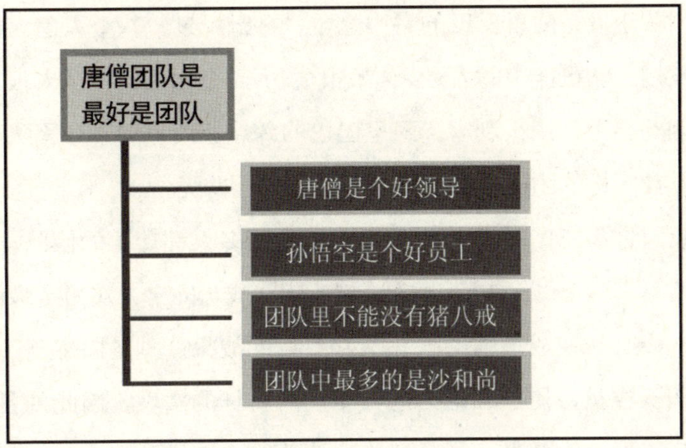

能力优势互补是指在企业的各部门中，不同学历、专业和经验的员工应当有一个合理的分布。现代企业的决策、经营管理、市场开拓等工作都是一些复杂的系统工程，需要多种知识和技能的横向联合。而在“知识爆炸”时代，任何一个人都不可能掌握众多的科学技术知识和生产技能，需要与不同专业的员工通力合作。

阿里巴巴的团队是善于优势互补的团队。尽管阿里巴巴是电子商务领域非常出色的公司，但最高领导人马云其实不懂计算机技术，数学曾考过 1 分，正是他与其他元老的通力合作，才造就了阿里巴巴的今天。

如果有人对马云说，阿里巴巴有今天，是马云你做得非常不错。马云会这样回答："我是我们公司的说客，我是光说不练的人。""我自己从来就不承认是什么知识英雄，因为阿里巴巴今天的成就是很多朋友的功劳，不是我一个人的；我只做了 5% 的工作，朋友们做了许多艰辛和默默无闻的工作，他们把我推上前台，我只是他们的代言人，我只是出来练练。"

团队建设是阿里巴巴的重中之重，马云说过，一个人怎么能干，也强不过一帮很能干的人。少林派很成功，不是因为某一个人很利害，而是因为整个门派很利害。阿里巴巴的辉煌业绩也离不开团队建设，那么，什么样的团队是最适合阿里巴巴的团队呢？

我国古代三国时期的刘关张组合是许多人都羡慕的团队，后来还有诸葛亮、赵云的加入。虽然，刘备团队成员的个人实力是最强的，最后却没有转变成最强的战斗力和最好的战果。刘备以感情为法宝制约团队成员，使个人魅力远大于团队目标的实现。因此刘备在白帝城病逝后，团队失去了凝聚力。诸葛亮空有满腔的才智，却六出祁连山失败。随着诸葛亮的谢世，蜀国出现全面衰落的趋势。

谈到团队，谁不希望手下每个人都是一等一的战将？不过马云认为，一个理想的团队中要有德者、能者、智者及劳者。简单地说，德者领导团队，能者冲锋陷阵，智者擘画献计，劳者落实执行。

因此马云最欣赏的团队是唐僧团队。取经信仰坚定的唐僧，神通广大的孙悟空，油嘴滑舌却又能逗人开心的猪八戒，沉默踏实的沙和尚，正是因为这师徒四人的优势互补，才能克服千难万险，排除重重阻力，最终实现其根本目标——从西天取回真经，达到功德圆满。

唐僧是个好领导

《西游记》的故事我们耳熟能详，唐僧师徒四人，经过九九八十一难，终于到了西天取到真经。对肉眼凡胎不识妖精真面目且偏听偏信的唐僧，相信大家都曾咬牙切齿地痛恨过，而这样一个没有太大本事，还会犯错误的领导者，谁又能说他是最适合的领导者呢？这样的领导没有什么魅力，也没有什么能力。而马云则认为唐僧是位好领导，面对很多人的怀疑与不解，马云对大家解释道："大家的疑问不是没有道理的。因为在这个团队的四人之中，唯独唐僧是肉眼凡胎，且四人中数他最愚腐、最懦弱、最无能，手无缚鸡之力，不像孙悟空，曾大闹天宫，是天上人间闻名的'齐天大圣'，也不像猪八戒曾做过天蓬元帅，就是沙和尚也会腾云驾雾，功夫了得。他的这三位弟子都神通广大，选拔团队领导的菩萨难道不知道吗？

"孙悟空武功高强，品德也不错，但唯一遗憾的是脾气暴躁，单位有这样的人。猪八戒有些狡猾，没有他生活少了很多的情趣。沙和尚更多了，他不讲人生观、价值观等形而上的东西，'这是我的工作'，半小时干完了活就睡觉去了，这样的人单位里面有很多很多。"

马云认为团队中每个人都有自己的个性。关键是领导者如何让这个团队发挥作用，合在一起这才是真正的领导，而唐僧很懂得领导这个团队。领导者也不见得要天纵英明、十八般武艺样样精通，重要的是其人格特质能吸引一群不计利益，肯卖命，能贡献专业意见的成员，组成一个攻无不克的坚强团队。马云分析道："唐僧这个人不像很能讲话，也好像不像个领导的样子，但是他很懂得领导这个团队。这个团队从西天取经，这么多天没有散掉就是好领导，唐僧其实很懂得什么时候去管制他的员工，念咒。他知道猪八戒不会出大问题，让他慢慢去弄，对不对？他也知道沙和尚要时而鼓励一下，这是好领导。好领导不是一定像马云一样，能侃、能说、会演讲。领导人坚定不移地坚持自己的信念，西天取经。领导者就是不管多大的危难，说我去了，你们可以离开我还是去的，这是领导者。所以我觉得唐僧这个领导，哪个单位都有，你别看他（唐僧）不太响，说不过马云，但是他（唐僧）比马云厉害多了，只不过你没看出来而已。"

孙悟空是个好员工

孙悟空本领高强，也很敬业、重感情，是个非常优秀的人才。孙悟空最大的乐趣是降妖伏魔，常说"抓几个妖怪玩玩"，他不近女色、不恋钱财、不惧劳苦，但他桀骜不驯、直言不讳，经常不服管教，不善于协调各方面的关系，这也注定他无法成为一个卓越的领导，只能是个好员工。

团队里不能没有猪八戒

猪八戒的缺点是说得多，干得少，并且一遇到麻烦，总是消失得无影无踪，凭兴趣做事，好逸恶劳，贪图享受，没有秩序，对团队缺乏责任心，动不动就要散伙。但猪八戒也有他可爱的一面，有他在，团队的生活就多姿多彩，笑声不断。

马云认为："最适合做领袖的当然是唐僧，但创业是孤独寂寞的，要不断温暖自己，像左手温暖右手，还要一路幽默，给自己和团队打气，因此我很希望在创业过程中有猪八戒这样的伴侣。

"当然，猪八戒做领导是很欠缺的，但大部分的创业团队都需要猪八戒这样的人。"

团队中最多的是沙和尚

沙和尚忠诚老实，表里如一，是唐僧最信任的人。虽然他思想保守，没有太多的想法，不去考虑未来，只知道做好自己的事，在工作中亦步亦趋，缺乏开拓创新精神与积极进取意识。但他说话不多，忠厚可靠，对唐僧忠心耿耿，言听计从，对师兄一片真诚。他没有花言巧语，从加入团队的那一天起，就将重担担在了自己的肩头，毫无怨言。

团队中像沙僧这样的人最多，这样的人在单位中最多，他们虽然缺乏事业心，比起企业前景更关心自己的一日三餐，但这样的人踏实肯干，做的是最实在的事，因此也是企业中不可缺少的成员。可以说，沙僧永远是最可靠的成员。

从另一个角度来看，"唐僧团队"相当接近职场现实情况。

被尊为"团队角色理论之父"的英国学者贝尔宾（Meredith R. Belbin）曾提出"阿波罗症候群"（The Apollo Syndrome）现象，意即一个千挑万选的优秀团队，成员们往往消耗在无益的内耗，或对团队目标没有帮助的争辩，只为了说服其他成员接受自己的观点，或是攻击别人论点中的缺口，最后总体表现反而比不过一"平庸"

的团队。

在瞬息万变的时代，不管是精英还是平庸，只要成员适才适所，加上具有心胸与远见的领导者，就将取代英雄主义，成为新时代的明星团队。

不会许诺

阿里巴巴不会对员工许诺高薪，也从来不会挖人，不会留人。但阿里巴巴注重给员工提供一个良好的成长环境，一个广阔的成长空间，能让他们心甘情愿地留在阿里巴巴，为实现百年老店的梦想而共同奋斗。

创立阿里巴巴的时候，马云给所有人的承诺是“500 元的工资，没有休息天”，一点不夸张。现在，阿里巴巴条件好了，但马云在招揽人才的时候，他依然没有给应聘者过多的许诺。马云说道：“其实阿里巴巴经历了很多，到今天为止我们招人还是很艰难。最艰难的是 2001 年互联网进入冬天的时候：第一没有品牌；第二我们可以用的资金非常少。整个市场形势不是非常好，大家听到互联网转身就跑。当时很多人进来，也有很多人出去。我记得有一位年轻人，刚刚进公司时我跟他说，希望最艰难的时候坚持下来不放弃。这个年轻人说他记住了，五年以内他是绝对不会走的。这五年来他们一起来的人都走掉了，当他快坚持不住的时候我就跟他说我记得你当时讲的话。现在他坚持下来，无论他的做事风格还是他的财富都已经非常成功了。”“阿里巴巴公司不承诺任何人加入阿里巴巴会升官发财，因为升官发财，股票这些东西都是你自己努力的结果，但是我承诺你在我们公司一定会很倒霉，很冤枉，干得很好领导还是不喜欢你，这些东西我都承诺，但是你经历了这些你出去一定满怀信心可以自己创业，我可以在任何一家公司，因为阿里巴巴都待过，还怕你这样的公司。”

马云承诺的东西让人很难理解。但在马云看来，在阿里巴巴工作的人都是有梦想的人，把工作当作一种深造和学习来对待，而这才是创业型企业所应该具备的素质。“不给任何人许诺”，这个是基于马云这样的人才观。马云说道：

真正优秀的人不是为钱而来的，真正有出息的人是创造钱的，没有出息的人是花钱去的。

马云的“不给任何人许诺”的思想同样体现在阿里巴巴的公司简介上。阿里巴巴招聘人才的面板上这样写着：“在这里：也许开会开到站着也能睡着，但是欢笑和成长一定会在梦中被沉淀……也许随时要准备一双运动鞋，因为放弃挤电梯给自己一次锻炼的机会是最明智的选择……也许会忙到忘了自己是谁，但请坚信在时光荏苒后，你将是阿里巴巴宏伟蓝图上那一颗无人可替的元老级‘螺丝钉’……看到那一片向日葵田了吗？向前一步，让我们一起成为阳光下绽放的最美丽的花朵！”

当然，马云不忘给员工打气道：

阿里巴巴一旦成为上市公司，我们每一个人所付出的所有代价都会得到回报。

如今阿里巴巴上市了，当年跟着马云艰苦拼杀的阿里巴巴创业者们得到了超乎想象的回报。别忘了马云当年最先给他们的允诺是“一天 12 个小时的苦活，不到 2000 元的低工资，苦难、屈辱和不被理解”。

链接

三星集团：人尽其才

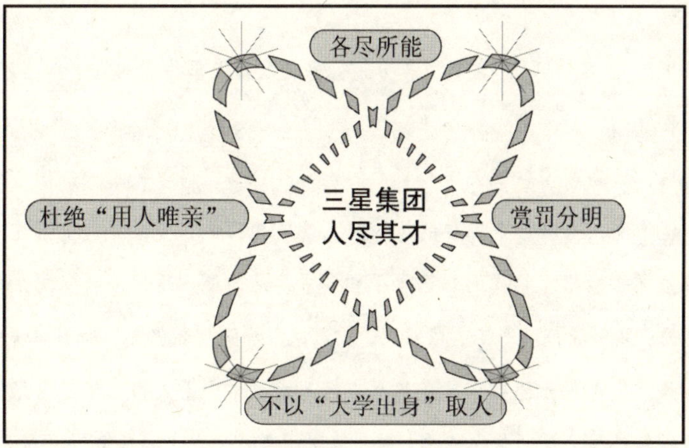

只有让每个人都充分发挥其才能，做到人尽其才，才能在企业内营造出一种努力向上的精神，从而推动企业不断前进。在竞争日益激烈的环境中，正是人尽其才的用人制度，为三星赢得了优势。

三星电子人尽其才的用人制度表现在如下几个方面：各尽所能，赏罚分明，不以“大学出身”取人和杜绝“用人唯亲”。

各尽所能

每个人的能力是有差异的，而且每个人都有长处和短处。根据不同情况，安排不同的工作岗位和有针对性地加以培训，是实现各尽所能和不断提高职工素质的重要前提。在这方面，三星做得十分出色。

首先，三星集团对每个新职工都要进行“适用性分析”，即分析此人最适合做什么工作。这种分析从两个方面进行：一是全面分析新职工的性格；二是全面分析新职工的基础能力。三星公司将这二者综合起来之后才能确定新进员工的岗位去向。

其次，三星集团对在职职工每年都要举行一次考核，并对考核情况进行“适用性分析”。

再次，三星集团实行“自我申告”制度。三星的员工每年要向人事部门递交“自我申告表”。

最后，三星集团各子公司和集团的人事教育部门对每一工种提出“适应要求”。就是说，根据每个工种的技术业务性质和工作环境，要提出做这一工作需具备怎样的性格、怎样的知识水平和要求，从而使“适用分析”更加客观，有章可循，并引导每个职工，依照“适应要求”加强自我修养，提高自身素质。

此外，三星集团还将上述资料全部输入电脑中，由人事部门经常地对考核结果进行分析和研究，在此基础上提出调岗、晋升、赏罚的意见。

赏罚分明

在三星集团，要想得到提升，得到高额报酬，唯有努力工作、提高业绩，别无他途。公司严格分明的赏罚条例为努力勤奋工作的人提供了保证。三星用人一向是公平竞争，绝对不会讲人情。

三星集团对优秀的人才的奖赏从来都不吝惜。例如，三星电子在开发半导体时，不惜血本，四处寻觅技术人才。如在美国发现韩籍半导体技术人才时，“三星人”如获至宝，对他做“深入细致的思想工作”，并用破格的优厚待遇招揽。

但是，任何表现太差、成绩不佳的不称职的主管或其他人员，无论其资历多老，都要追究其责任，或者罢免其职位，或者下调其工资。

为了切实执行把工作业绩作为人事任免的标准，不让当事人有任何申诉的理由，三星集团每年12月都要召开集团系列公司负责人大会，对经营不佳的经理，毫不留情地给予训斥，有的则被当场免职；而对于经营出色的部下，除给予表彰外，还发给奖金。这种奖惩分明、不留情面的铁腕人事政策，深刻体现了三星集团的“人才第一”思想。

不以“大学出身”取人

在韩国，“大学出身”的观念根深蒂固。大企业集团无论在用人方面，还是在提拔干部方面，都特别重视由汉城（首尔）大学、高丽大学和延世大学这三所名牌大学毕业的学生。而普通大学的毕业生，只能在中小企业谋个出路，甚至连工作也找不到。以“大学出身”取人，在韩国是普遍现象。

但是，三星集团在用人方面破除了“大学出身”取人的传统观念，使员工感到在三星工作有前途，有希望。根据三星的人力资源部门的统计资料，在挑选高级主管经理职位的人选时，三星集团所提拔的汉城（首尔）大学、高丽大学、延世大学这三所名牌大学出身的人占全体晋升者的比例不足50%，在三星集团所提拔的人当中，地方大学出身的人竟占到1/6左右，这就打破了社会上以“大学出身”取人的模式。

杜绝“用人唯亲”

家族企业的一个致命弱点就是“用人唯亲”。这种对“外人”不信任的家族式管理方式必定会将许许多多的优秀人才拒之门外。三星集团虽然也是一个家族企业，但是其管理者深刻地了解“用人唯亲，必损事业”的道理，于是三星集团建立了一套完善的人才管理制度以杜绝“用人唯亲”的现象。

三星集团曾有个既没有背景也没有资历的来自乡下的普通社员，但是，此人能力很强，把工作搞得有声有色，三星集团并没有因为他不是家族内部成员而将其排斥在管理层之外，相反，三星集团对其委以重任，入厂两年多就把他提拔为一个毛织厂的厂长，不久又接连提拔他为总务部长、新世界百货店经理、社长等职。在三星集团，像这位社长因为工作出色而连续被提拔的现象还有很多。可见，三星集团切实做到了唯才是用。

专题1

如何发挥人的长处

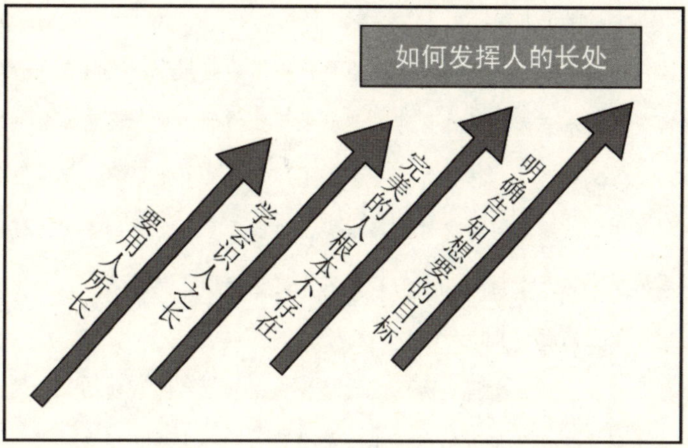

卓有成效是管理者的职责所在，无论他们是负责他人和自己绩效的管理者，还是仅仅对自己绩效负责的专业工作者。如果做不到卓有成效，就谈不上“绩效”，不管你在工作中投入了多少才智和知识，花了多少时间和心血。

——彼得·德鲁克

有效的管理者能使人发挥其长处。他知道只抓住缺点和短处是干不成任何事的，为实现目标，必须用人所长——用其同事之所长、用其上级之所长和用其本身之所长。利用好这些长处可以给你带来真正的机会。充分发挥人的长处，才是组织存在的唯一目的。要知道任何人都必定有很多缺点和短处，而缺点和短处几乎是不可能改变的。但是我们却可以设法使其不发生作用。管理者的任务，就是要充分运用每一个人的长处，共同完成任务。

要用人所长

管理者要运用人的长处，面临的第一关即在于择人。有效的管理者择人任事和升迁，都以一个人能做些什么为基础。所以，他的用人决策，不在于如何克服人的短处，而在于如何发挥人的长处。

美国南北战争时，林肯总统任命格兰特将军为总司令。当时有人告诉他格兰特嗜酒贪杯，难当大任。林肯却说“如果我知道他喜欢什么酒，我倒应该送他几桶，让大家共享”。林肯总统并不是不知道酗酒可能误事，但他更知道在北军诸将领中，只有格兰特能够运筹帷幄，决胜千里。后来的事实，证明了格兰特将军的受命，正是南北战争的转折点。这也说明了林肯的用人政策，是求其人能发挥所长，而不求其人是个“完人”。

当然，林肯之所以懂得这种用人之道，也是经过一番周折的。在这以前，他曾先后选用了三四位将领，选用标准都是他们必须无重大缺点。但结果是，虽然北军拥有人力物力的绝对优势，在 1861 年至 1864 年间却没有取得任何进展。反之，南方的李将军手下，从杰克逊起，几乎没有一位将领不是满身都是大小缺点。但李将军并不在意，因为他知道他所用的人，每一位都各有所长。而李将军正是善用他们的长处，使他们充分发挥。所以，在那段时期，林肯麾下每一位“无缺点”的将领，一个一个都被李将军手下拥有“一技之长”的将领击败了。

不管是谁，如果他在任用一个人时只想避免短处，那他所领导的组织最终必然是平平庸庸的。所谓“样样皆通”，实际上可能是一无是处。才干越高的人，其缺点也往往越多。有高峰必有深谷，谁也不可能是十项全能。与人类现有博大的知识、经验、能力的汇集总和相比，任何伟大的天才都不及格。世界上实在没有真正全能的人，最多只是在某方面特别有能力的人。

学会识人之长

一位管理者如果仅能见人之短而不能识人之长，因而刻意避其所短，而非着眼于发挥其所长，则这位管理者本身就是一位弱者。他会觉得别人的才干可能构成对他本身的威胁。但是，世界上从来没有发生过下属的才干反而害了主管的事。美国的钢铁大王卡耐基的墓志铭说得最为透彻——“这里躺着的人，知道选用比自己能力更强的人来为他工作。”当然，卡耐基先生所用的人之所以能力都比他本人强，是因为卡耐基能够看到他们的长处，在工作上运用他们的长处。他们只是在某方面有才干，而适于某项特定的工作。当然卡耐基就是他们的卓有成效的管理者。

李将军有一段故事，可以说明使人发挥长处的意义。李将军手下有一将领常不按照命令行事，往往使李将军预定的计划完全改变。李将军屡次忍受了，但终于有一次他忍不住大发雷霆。当他平静下来时，一位幕僚问他：“你为什么不将他革职呢？”据说当时李将军不禁一时愕然，无以为答，好一会儿他才说：“多么荒唐的问题！把他撤了，谁还能打胜仗？”

完美的人根本不存在

有效的管理者知道他们之所以用人，是用人来做事，而不是用人来投主管之所好。他们知道，一位红得发紫的女明星能有票房，让她发发脾气又有什么关系呢。剧团经理知道，如果女明星常发脾气而有助于票房，也许他之所以受聘为经理，就是为了承受她的脾气。以学校来说，第一流的优秀教师会不会奉承校长，肯不肯在教务会议上安静而不咆哮，那有什么关系呢？校长之所以应聘为校长，就是为了使第一流的教师或学者能够教学有效。所以，即使在其他方面不太愉快，也是值得的。

有效的管理者从来不问“他能跟我合得来吗？”他们问的是“他贡献了什么？”他们从来不问“他不能做什么？”他们问的是“他能做些什么？”所以在用人时，他们用的都是在某一方面有所长的人，而不是在各方面都过得去的人。

识人之所长以及用人之所长，可以说是人的一种本能。所谓的“完美的人”或“成熟的个性”，这些说法其实都忽视了人最特殊的天赋：人本能地会将其一切资源都用于某项活动、某个领域，以期取得某个方面的成就。换言之，是忽视了人的卓越性。因为卓越通常只能表现在某一个方面，最多也只能表现在个别的几个方面。

当然，世上确有多才多艺的人，这就是通常所谓的“全才”。但真正能在多方面都有杰出造诣的人，至今还没有出现。达·芬奇总算多才多艺了，但他最突出的成就只是在绘画上。歌德的诗如果没有流传下来，那我们今天认识的歌德，虽然知道他对光学和哲学有研究，但恐怕不见得能在百科全书上找到他的赫赫大名。几位世人皆知的伟人尚且如此，更何况我们这些凡人。因此，一位管理者如果不能发掘人的长处，并设法使其长处发挥作用，那么他只有受到人之弱点、人之短处、人之缺失的影响，结果是既完不成任务，又缺乏有效性。用人时老是坚持客观上不可能达到的标准，或过多地强调别人的弱点，那纵然算不上是滥用，起码也是误用。

明确告知想要的目标

重视一个人的长处，也就是要对他的工作绩效提出要求。如果管理者不在用人之前先问自己“他能做些什么”，那可以肯定他的下属绝难有贡献，这就等于他已经事先对下属的不称职采取了宽容的态度。这样的管理者成事不足，败事有余。真正“苛求的上司”（实际上懂得用人的上司大部分都是“苛求”的上司），总是先发掘一个人最擅长做些什么，再来“苛求”他做些什么。

过多考虑人的短处，会影响组织实现自己的目标。组织有一种特殊的手段，它既可以使人的长处得到发挥，又可以使人的短处所带来的不利影响降到最低限度。能力特别强的人既不需要组织，也不想受组织的束缚，他们觉得自己一个人干最好。但我们绝大多数的人，只是具有若干长处，何况我们还有缺点。人际关系专家们有一句俗语——“你要雇用一个人的手，就得雇用他整个的人。”同样的道理，一个人不可能只有长处，必然也有短处。

但是我们可以设置一个组织，使人的弱点不致影响其工作和成就。换言之，我们可以把组织设置得有利于充分发挥员工的长处。一位优秀的税务会计师，自行执业时可能因拙于待人而遇到挫折。但是在一个组织中，他可以自设一间办公室，不与其他人直接接触。人的长处可在组织中产生实效，而人的短处可以使其不产生作用。同样的道理，一位小企业家精通财务，但可能因不懂产销而受困。而在较大规模的企业中，一位仅懂财务的人却可能极具生产性。

有效的管理者并不是不知道人有缺点，他了解他自己的任务——在于如何使某人充分发挥其税务会计的才干，而不斤斤计较他不善于与人打交道。因此，他不会贸然指派这个人出任经理的职位。要与人打交道，完全可以找别人，而第一流的税务会计师更是不可多得的人才。所以，这个人能够做什么，才是组织器重他的原因。而他不能做什么，则仅是他的限制，仅此而已。

（本文节选自彼得·德鲁克著作《卓有成效的管理者》）

专题 2

宁高宁：人在上

（宁高宁：原华润总经理，现任中粮集团董事长）

这几年，我有多次面试求职者的经验。一两个小时的谈话，看起来像老师在考学生，可实际上，我比应试人还紧张。选人的成败就是企业的成败，求职者的衣着、发式、面相、手型都要看仔细。这像选投资一样，风险是很大的。最后用面试来选人对双方都不公平，因为对人的深层感觉是不可能在几个小时内准确形成的，然而企业中对人的组织又不得不在这种非纯科学的条件下进行。

不知何时，我们的祖先把凑在一起做买卖的形式叫企业，那时还没有天真烂漫的管理学，可企业的“企”字以人在上表现出来，就足以让我们悟性差的人汗颜。企业这个怪物，让我们头疼，因为变量太多，常量太少。管企业的花巧，绕了一圈，最终还得回到人上，人应该是所有管理思维的起点。

上星期去一位朋友家聚会，席间有人提议每人讲一段自己的“威水”（粤语口语，意为值得骄傲的事情）心得。香港信报的曹仁超说，他每周工作七天，只因为他觉得在公司最舒服、最享受。我想一个人热爱自己干的事情应该是成功的根本原因，因此创造一个让员工向往的工作环境和气氛，让员工在工作中得到满足，也应该是我们人力资源工作的基本目标。

在公司的资产负债表上，与员工有关的事都在负债栏里：应付工资、应付奖金、公积金；在公司的损益表上，与员工有关的都在费用栏里：工资、福利、所有分摊。这在理念上把员工与公司的目标对立起来。

我觉得我们华润创业的员工地位应该在财务报表上变一下，要把员工看作资产，而不是负债；要看作利润，而不是费用。在人事管理的理念中，如果不能在资产质量和经营成果上找到员工的位置，就是人事管理的失败，只有员工好了，公司才能好，华润创业的员工应该是工作时感到幸福的人。

我们的员工手册列明了公司制度，纪律给我们带来秩序，但不能保证我们每天早上来公司上班时像赴情人的约会一样心切。我们的部门设置、员工配备、同事分工、沟通渠道、评核标准、奖罚体系合理吗？有人说只有满意的员工，才有满意的客户。满意员工的产生有赖于我们对人事管理的不断改进。对人的组织的科学性、公平性及有效率的制度的建立是我们不断努力的目标。舒畅的工作环境和系统才能使我们成为和谐的群体，华润创业的员工才能是快乐的人。

人本来是不可以管的，因为他的可变性太大，适应环境能力太强，伸缩幅度太宽，人的能力只能诱发。人又是不能不管的，因为纯个人与群体是矛盾的，生存与享乐是不能完全统一的。创造一个活泼而又一致的组织是企业战胜竞争对手的根基，也是人事管理的高境界。我希望我们的人事管理能在人性和组织性之间取得更好的平衡，使华润创业的员工成为开心和努力工作的人。

（摘编自《为什么：企业人思考笔记》，作者：宁高宁，来源：机械工业出版社）

第五章

员工激励

ALIBABA

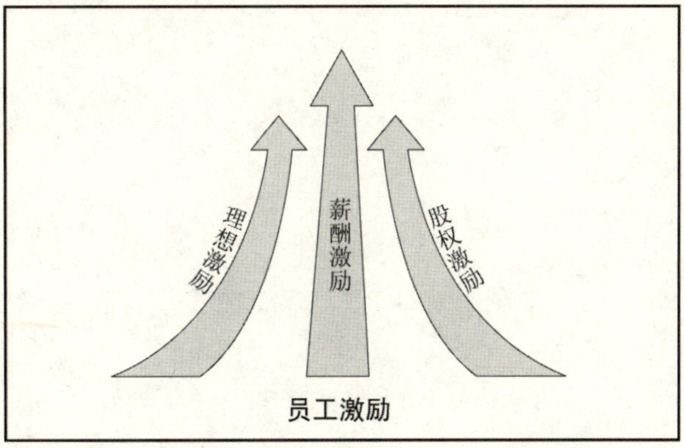

ALIBABA

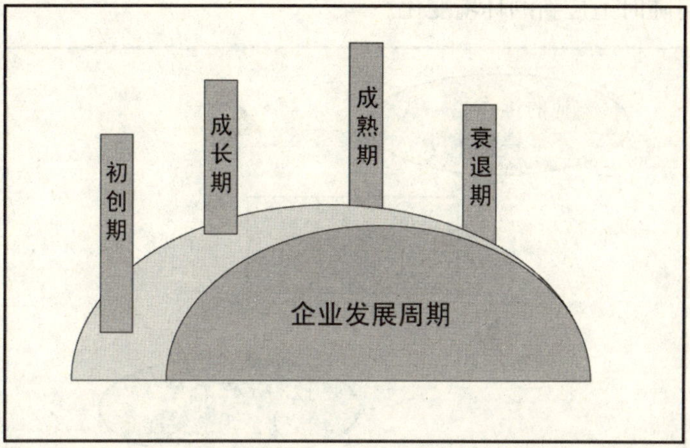

企业的发展周期一般都会经历初创期、成长期、成熟期和衰退期，在每个阶段都要解决员工的短期激励；成长期激励的问题。不同阶段有不同的策略。比如初创期，很难有现金奖励给员工，长期激励特别是股份就成为首选了。激励对象最好是全体员工，使每一个员工都紧紧和公司捆绑在一起，特别是关键人才，更是要强调“我的就是你的，你的就是我的”，这样才能留住人才。

理想激励

领导者用近期将要实现的目标和已经近在眼前的奶酪来激励员工当然是重要而且很有效的。但更高层次的知识员工显然不会满足于眼前的奶酪。他们通常是理想主义者，他们需要更崇高的企业目标来实现他们人生理想的目标来牵引成长。所以，领导者要规划出组织的远景，用让人激动不已的梦想去鼓舞员工拼搏。未来的企业的目标或梦想，绝不可在领导者说过一次后，便很快消失。它必须反复地被强调，并以战略和决策加以强化。此外，还必须经常检讨，以便可随时适应新的环境变化。

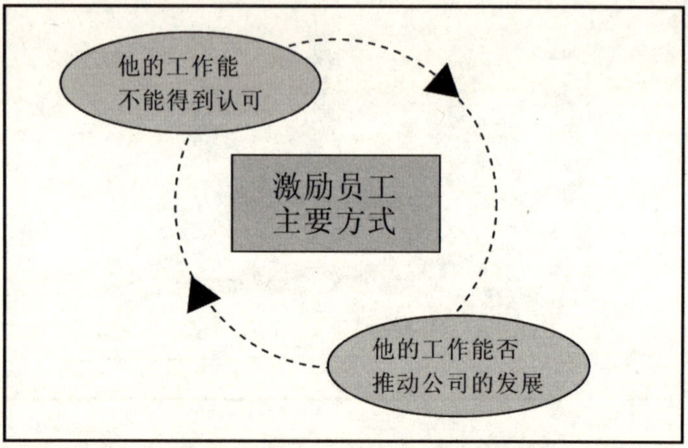

马云一直有一个伟大的理想：

我们要创造一个中国人自己的、最伟大的公司。2009年，在阿里巴巴10周年庆典的时候，我们要进入世界500强，我们要做102年的企业。

正是因为这个理想，阿里巴巴在创业初期就吸引了不少优秀人才。1999年9月，阿里巴巴正式成立后，瑞典银瑞达公司的副总裁蔡崇信飞赴杭州洽谈投资。和马云谈了4天后，蔡崇信说："马云，那边我不干了，我要加入阿里巴巴！"马云求之不得。还有雅虎搜索引擎专利的发明人吴炯，也是在阿里巴巴创业早期就加入阿里巴巴，并留在阿里巴巴。

这些人在原来的公司都已经做到了高层，阿里巴巴没有高薪挖他们，在职位上也没有升迁，以他们当时的收入，可以买下几十个刚刚成立的阿里巴巴。他们看重的不是这些，他们看重的是阿里巴巴的理想。

从2007年开始，阿里巴巴的高层管理团队的搭建再次提速，从最年轻的世界500强中国区总裁、原百安居中国区总裁卫哲，长江商学院企业战略管理教授曾鸣，到美国沃尔玛百货集团全球资深副总裁兼全球采办总裁崔仁辅，都陆续加盟进入阿里巴巴。

阿里巴巴旗下的支付宝公司风险管理部总监葛勇荻，原来在工商银行负责电子支付业务，从2003年支付宝创立起就一直与阿里巴巴打交道。葛勇荻说："那个时候负责支付宝业务的团队还在马云家里办公，只有两条电话线，所以我跟他们联系的时候电话很难打通，没办法我只能自己开车过去跟他们面谈。尽管办公环境很简陋，那时候外界也不认为他们一定会成功，但是他们做得很快乐，也很有朝气、很有激情，我在与支付宝的合作中也觉得彼此臭味相投，终于忍不住加入进来。"

马云也一直以他的"伟大理想"鼓舞着他的全体员工：

我们是群平凡的人，但在做不平凡的事——运作一个有东方智慧、西方商业理念，参与世界性市场竞争的中国企业。

作为一个领导者不要让你的员工为了你而工作，应该是为了共同的理想去工作，绝对不要因为领导者的人格魅力而工作。阿里巴巴是有理想、事业、使命、价值观的。但这个理想不是马云一个人的理想和事业，而是整个团队的理想。马云说道：

我永远相信一点就是不要让别人为你干活，而是为一个共同的理想去干活，我第一天说要做80年的企业、成为世界十大网站之一。我们的理想是不把赚钱作为第一目标，而把创造价值作为第一目标。这些东西我的股东和董事还有我的员工都必须认同，大家为这个目标去工作，我也是为这个目标去工作。

"将员工团结在同一个理想之下，并赋予其使命感。"长江商学院副院长李秀娟对马云的这一做法表示赞赏。马云一直要把互联网带入网商时代，并把它作为全体阿里人的终极使命。

阿里巴巴首席人力资源官彭蕾说道："激励员工的主要方式是，他的工作能不能得到认可，他的工作能否推动公司的发展。也许很难想象一个一线客服人员，他怎么来理解自己也在推动公司的发展。我经常给员工讲一个故事，三个人在那里砌房子，你问第一个人，他说在那里砌砖头，第二个人说在垒墙，第三个人说他在造世界上最美的教堂，每天钟声会响起。我希望我们的员工像第三个人，每天自己都有进步，公司也在成长，这是多少钱都达不到的。"

阿里巴巴的独特价值主张是"追求梦想的开心的社区"。第一是梦想，改变历史的梦想，一起创造财富分享财富的梦想，员工通过期权实现了分享财富的梦想。为建设开心的社区，马云提出阿里巴巴要有"蓝蓝的天"（也就是决策透明），"踏实的大地"（每一个决策从法律和道德上是安全的），"流动的大海"（可以跨区域、跨部门流动），"绿色的森林"（这是一个给你很多创意和快乐的地方）。在实践中，阿里巴巴要寻找很多相同价值观的人，找那些味道差不多的人，找那些开心的人，在沟通上提倡面对面进行。给员工一个梦想，同时不断实现这些梦想。

薪酬激励

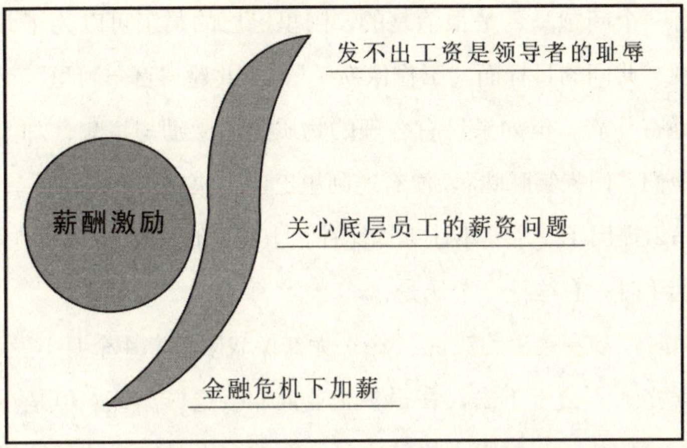

美国哈佛大学教授威廉·詹姆士研究发现，在缺乏科学、有效激励的情况下，人的潜能只能发挥出20%～30%，科学有效的激励机制能够让员工把另外70%～80%的潜能也发挥出来。所以企业能否建立起完善的激励机制，将直接影响到其生存与发展。激励更是管理的核心，而薪酬激励又是企业激励机制中最重要的激励手段，是目前企业普遍采用的一种有效的激励手段，它相对于内在激励，管理者更容易控制，而且也较容易衡量其使用效果，如果能够真正发挥好企业薪酬对员工的激励作用，就可以达到企业与员工“双赢”的目的。

如何让员工愿意在阿里巴巴工作？阿里巴巴首席人力资源官彭蕾表示，在物质层面和精神层面的双重因素都很重要。“物质层面，不能让员工每个月拿500元还很高兴。我们每年都请专业公司调查行业薪资，我们根据这个来确定我们公司的薪酬是有竞争力的。”

发不出工资是领导者的耻辱

有一个问题马云是很清楚的，阿里巴巴的员工可以为了共同的价值观、共同的目标而“工作像疯子”，为共建“百年阿里”而兢兢业业地奋斗着。但如果没有合理的物质上的激励与报酬，却不一定能让他们“回家笑眯眯”，便有违阿里巴巴“快乐工作”的宗旨。

马云提出了一个“不让雷锋穿补丁上街”的思想，在《赢在中国》点评选手时，有这样一个场景：

当时，参赛选手菅毅说：“……尤其像我刚才说4个月不发工资，可能很多人不会干下去，在很多企业人们会选择离开，但是在我这儿他们会信任，我觉得人格魅力最主要的一点是一个信任，我可以被人所信任。”

就此，马云点评道：

我觉得如果让我的孩子到你这儿工作，4个月没有工资，你告诉他将来一定有饭吃，这个失败了下一个还失败，我怎么也不会相信……4个月不发工资不是魅力，是领导者的耻辱。你每次要判断怎么样给你的员工永远发得起工资。我曾经有一次发不出工资，差7天，尽管我的员工说还可以熬两年，但是我尽量不让这个事情发生。

后来，马云又把这个“发不出工资是领导者的耻辱”的理论进一步发展，便有了“这个时代需要雷锋，但决不能让雷锋穿着打补丁的衣服上街”的经典语录。

关心底层员工的薪资问题

赫布·鲍姆——美国戴尔公司董事长兼首席执行官曾说：“处于公司最上层、挣钱最多的人往往会忘记底层的人生活多么艰难。如果领导者能使处于底层的员工感觉到他对自己的关心，整个公司都会受到鼓舞。

“我第一次担任首席执行官是在总部设在宾夕法尼亚州小城石油城的魁克州立公司。在这座小城里，公司的员工过着很节俭的生活，挣的每 1 个美元对他们来说都很重要。我记得跟这些人在一起时，曾听他们讲起即使买最基本的生活必需品——哪怕是孩子的鞋子——都要货比三家。听到这些后，我把公司分配的车退了。

“如今，公司最底层的员工要靠每年 2 万至 4.5 万美元的收入供养一家人。去年，他们应该得到的奖金约为 500 美元，而高层管理人员的奖金是他们的许多倍。所以我向董事会提出申请，要求从自己的奖金中分给收入最低的 155 名员工每人 1000 美元。对我和大多数首席执行官而言，1000 美元不值一提，但对于要供养孩子上学或负担父母医药费的人来说，这是很有帮助的一大笔钱。

“如果你克制自己对金钱的欲望，而且员工们看到这一点。他们会对公司非常忠诚，工作将非常努力。目前，公司的人员自然缩减率降到了 11 年来的最低点，由于每个人都对工作感到满意，我们将迎来又一个好年景。”

马云表示：

许多人认为专家很重要，中层管理人才很重要，但是他们往往忘记普通的员工，普通员工对企业来说更重要。

马云说道："许多人认为专家很重要，对中层管理很重要，但是他们忘了把士气丢给普通的员工。普通员工更重要的是：我要买车我要买房我要结婚生子。我们家保姆，我给她1200元，杭州市场800元。她做得很开心，因为她觉得得到了尊重。你对广大员工增加一些（工资），那么士气会大增。因为士气是大部分员工得到满足。所以要让自己的员工得到满足。然后提升企业文化，你的企业就有希望了。"

金融危机下加薪

2009年1月下旬，马云向阿里巴巴全体员工发出电子邮件，介绍公司"2008年年终奖和2009年提薪计划"。马云在邮件中表示，根据2-7-1原则，70%的公司员工将得到提薪和不错的年终奖金。

对这一举措，马云表示："越是困难时期，公司资源越应该向普通员工倾斜，紧迫感和危机感首先要来自公司高层管理者。"

在经济的冬天，阿里巴巴不仅给员工加薪，还做了一个员工互助基金计划。2009年1月8日，中国人力资源开发网主办"2009中国人力资源发展论坛暨2008中国人力资源机构和培训师评选颁奖典礼（上海站）"，阿里巴巴集团首席人力资源官彭蕾演讲道："还有一个员工互助基金计划，公司出一笔钱作为一个基金，作为一个正常社会医疗保险和商业保险的补充。这两个事情看起来是比较小的事情，特别是第二件事情，投入金额只有几百万。我是怎么看待这个事情的呢？因为我们在这个时候员工安全感不强，现在裁员、工作保不保大家都有点紧张，在这个时候我们这些小小的动作会让他心里面紧张感有所缓解，像员工互助基金，使员工觉得我的保障又多了一重，我们公司员工保险可以按照同样价格给他家人保险，当然费用由他自己出。这些小小的动作，会让员工觉得在这个冬天有一点暖意，安全感有一点提升，看上去不该做的事情，这个时候做起来会显得特别有意义。”

2008 年，阿里巴巴也考虑年终奖要不要发。当时整个市场上都是这儿裁员了、那儿扣工资。马云表示，如果今天阿里巴巴说裁员 2000 人、阿里巴巴说不发年终奖，相信没有人反对，因为全世界都在降工资、都在裁员。这时候阿里巴巴做决定是要不要给员工发年终奖，这个年终奖是很多人期盼的，这个工资也是考验阿里巴巴在冬天到来的时候不该对员工负责任。所以马云认为 2008 年是阿里巴巴创办 9 年以来最成功的一年，因为这一年阿里巴巴躲过了金融风暴，这一年阿里巴巴做了全面的准备，做了大量的调整，员工做了大量的工作改造自己的产品，一切都很好。马云认为应该给阿里巴巴员工年终奖，并且给优秀的员工加工资。“给员工加工资不应该跟外部经济形势挂钩，他干得好你承诺过他的就应该给他加，但如果是外面经济形势非常好但他们干得不好也不能加，跟外部经济形势是没关系的，不能说今年经济形势、股票很好大家发点奖金吧，干得不好一点都没有。”

马云说道：“所以企业坚守承诺，你答应员工的事情就全力做好，除非公司实在不行，因为阿里巴巴认为阿里巴巴 2008 年的业绩、产品各方面都不错。这个决定出来阿里巴巴本来以为是一片骂声，但没想到这 1 万多名员工心里非常踏实，这个公司坚守承诺，阿里巴巴更加有信心帮助更多的中小企业成功。所以阿里巴巴对未来十年越来越有信心，阿里巴巴坚守了客户利益第一、坚守了员工第二、坚守了股东利益第三。”

股权激励

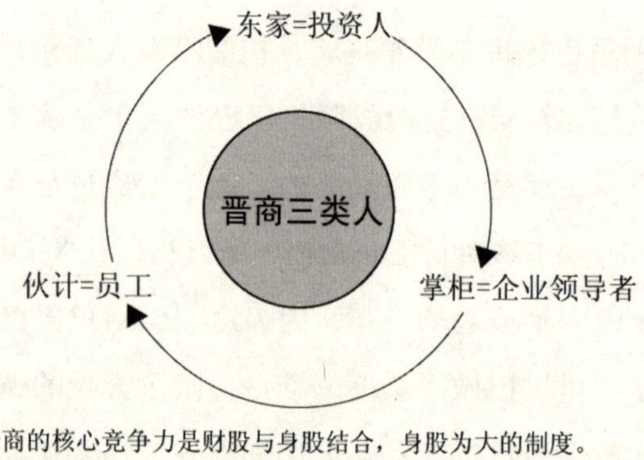

晋商的核心竞争力是财股与身股结合，身股为大的制度。
这种制度留住了人，又保证了家族企业的有效传承。

20 世纪 50 年代末 60 年代初，美国就业率下降，劳资关系紧张，为了改善这一不良情况，美国的凯尔索创造性地开出了一付济世药方——员工持股计划，以此来激励员工的积极性，使美国渡过了经济难关。

沃尔玛是世界上最大的零售业企业。究竟是什么使沃尔玛在短短的 30 年时间内打败业内的所有巨头，创造了世界零售业史上如此辉煌的奇迹？关键在于其独特的激励战略。

1971年，沃尔玛实施了一项由全体员工参与的利润分享计划：每个在沃尔玛工作两年以上的，并且每年工作1000小时的员工都有资格分享公司当年利润。截至20世纪90年代，利润分享计划总额已经约有18亿美元——这些都是属于沃尔玛公司“合伙人”的利益。此项计划使员工的工作热情空前高涨。

之后不久，沃尔玛创始人沃尔顿又推出了雇员购股计划，让员工通过工资扣除的方式，以低于市值15%的价格购买股票。这样80%以上的员工或借助利润分享计划，或直接持有公司股票而获得利益。员工利益与公司利益休戚相关，实现了真正意义上的“合伙”。总之，合伙关系在沃尔玛公司内部处处体现出来，它使沃尔玛凝聚为一个整体，使所有的人都团结起来，为着公司的发展壮大而不断努力。当管理者开始尝试把员工当成“合伙人”时，将有助于公司进一步发挥其巨大潜力，而且员工也会发现，随着公司状况的改善，他们的所得也在增加，这对员工和公司都是有益的。

联想集团在一次股权改革时，将中科院送的35%股份又一分为三：其中的35%分配给了公司创业时期有特殊贡献的员工，20%以时间为限分配给了1984年以后较早进入公司的员工，45%根据做出贡献的大小分配给以后有特殊贡献的员工，不但照顾了老同志，兼顾了企业未来的发展，更重要的是，留住了“联想”的高水平人员。

事实上，我国晋商也正是因为其人力资源管理中的股权激励制度，才使晋商在我国企业历史上留下了精彩的一笔。慧聪总裁郭凡生在其著作《中国模式》中分析道：“晋商的核心竞争力是财股与身股结合，身股为大的制度。这种制度留住了人，又保证了家族企业的有效传承。在晋商中有三类人：

“第一，东家。东家是投资人，也施展能力，参与公司的重大决策，有点像现在的董事会。他们通过投资占有的股份称为“财股”，可继承转让，可分红（一般三至四年分一次红）；他们决定掌柜（总经理）的聘用和解职及其他重大事宜，如分红比例数等。

“第二，掌柜。掌柜是投入能力的企业领导者，持有‘身股’。身股可以享有和财股一样的分红权，但不可以继承转让，人一走茶就凉。但有的企业，身股可以养老。

“第三，伙计。伙计是从学徒干起，一般四年满师，满师后可拿年薪。其中优秀者可以持有一定身股，有的被提升为掌柜。掌柜一般都是从学徒期满、为商号工作多年的伙计中提拔。”

马云曾表示，在微软，盖茨持股已经不超过10%，杨致远在雅虎的持股更低，但他们的影响力是绝对的。马云说道：

有一个美国投资者曾经问过我，为什么中国企业规模很少有超过20亿美元的，我认为一个核心的问题是，中国人喜欢控制，40%、50%都得是我的股份，财聚人散。

马云说道：“我从来不担心员工富有，我担心员工不富有。员工富有，公司才富有。我觉得我们今天拿到的钱不是员工口袋里的钱，尽管他们可以套现。但我觉得今天拿到的钱是一种责任，就像8年以前我们拿到500万美金风险投资。对我来讲，这不是钱，这是一种责任。阿里巴巴融资十几亿美金，对整个集团来讲是一种责任。我们可以套现一点点，让我们的生活可以好过点。但人到一定程度的时候，思想上的富有才是最高的（目标）。富裕，我不担心他们。我担心他们失去使命感、价值观。”

2003 年年初，马云与孙正义就软银向阿里巴巴的第二次注资进行谈判。蔡崇信回忆说，当时谈判的焦点问题之一就是员工团队持股的问题。然而，对孙正义而言，员工团队持股问题不太好理解，因为当时日本公司的员工很少有持股的先例，而马云则坚持必须通过员工持有股份来激励整个公司团队。双方在这个问题上相持很久。最终，在马云的一再坚持之下，孙正义在员工持股一事上也作了让步。

阿里巴巴资深顾问关明生在一次演讲中说道：“很多老板就说现在的钱。很多很多员工贱卖了自己，我们阿里巴巴经常给我们的员工培训，跟他们讲得很多都是阿里巴巴三明治。我们现在拿的可能是 100 元，可能会有很多人来挖他，他会问你，你赚多少钱？你说 100 元，他说那我给你多一点，这些员工可能就过去了。这些员工都是贱卖了自己，他卖的只是现在的钱，他还忘了将来的钱。阿里巴巴将来的钱是什么？就是股东。所有阿里巴巴的员工，进入阿里巴巴自动可以拿到股权期权，这就是分天下，每年都拿出很多钱来分给员工。每年我们都到董事局求董事局把这些股票期权拿出来，分给股东。有些表现得好，那你拿的就很多。直到 2003 年，董事局说，能给他们钱就给他们钱了，不要给股票了，股票越来越贵了。所以 2003 年 9 月 1 日以后，不能自动地拿到期权了，但是还是有很多人拿的。这个将来的钱是很重要的，就是股票期权。”

当阿里巴巴进行第四轮融资的时候，马云与软银公司董事长孙正义争论的焦点主要集中在阿里巴巴集团是不是还要坚持员工持有股份的问题上，最后，孙正义还是做出了让步。

2004 年以后，阿里巴巴经过 2 次拆股，大部分核心团队成员都获得了一定的股权。但这远远没有达到马云所希望达到的“盛宴共享”局面。

随着企业的成长，员工人数的不断增加，以及股东结构的复杂，要做到全员持股的确是不太可能了，阿里巴巴只能以现金等形式来弥补。不过，只要有机会，马云绝不会放过为员工争取股份的努力。

马云曾在公开场合透露，阿里巴巴从建立之初，就建立了一套“能力的分享”与“财富的分享”体系，通过遴选、培训、考核、职业生涯规划等人力资源管理方法，帮助员工系统地提高个人能力，而“财富的分享”包括工资、奖金、股份等报酬手段。

为此，在阿里巴巴 B2B 上市前的最后准备阶段，马云甚至还跟杨致远和孙正义展开了一次“交锋”，并最终使得这两个最大的股东做出了让步，同意将股权进一步稀释，让出一部分股份给阿里巴巴的新员工。激励形式的确经历了许多改变和调整，马云自己也常说：

今天是工资，明天是资金，后天是每个人手中的股票。

阿里巴巴每个员工都有股份。马云自己的股份也绝对是一个“健康企业”的水平。马云说，比王志东高一点点，比丁磊少很多，阿里巴巴是所有员工的。

在阿里巴巴的股权结构中，管理层、雇员及其他投资者持股合计占比超过 40%。根据阿里巴巴网络的招股资料，授予员工及管理层的股权报酬包括了受限制股份单位计划、购股权计划和股份奖励计划三种。

2014年，阿里巴巴向美国证券交易委员会(SEC)呈交的招股书更新文件中称，马云发起了一项奖励计划，基于该计划阿里巴巴高管和员工可获得马云控制的一家关联企业的股票权益。招股文件显示，阿里巴巴首席执行官陆兆禧、首席人才官彭蕾以及首席风险官邵晓锋等20名高管，已从此项奖励计划中受益。这20名高管以及马云，都是“阿里巴巴合伙人”成员。由27名成员组成的“阿里巴巴合伙人”拥有提名阿里巴巴简单多数董事席位的权力。

链接 1

IBM 的薪酬管理

薪酬，是企业员工最重视的内容。同时，企业薪酬状况也从一个侧面反映了这个企业的经营状况。一个完整而具激励作用的薪酬体系能够使员工在工作中自觉发挥主动性，积极工作，为企业创造价值。IBM 有着世界公认的极具吸引力的薪酬体系。IBM 为每一名“蓝色精灵”提供富有挑战性的发展空间，提供具有竞争力的浮动薪资、奖金，完善、周到的福利，以及公司股权。通过浮动工资计划、认购公司股票和期权计划、建立在绩效基础上的加薪计划、福利计划等一系列科学的工资激励手段，IBM 员工的积极性与聪明智慧被最大限度地挖掘出来。

IBM 的薪金管理非常独特和有效，能够通过薪金管理达到奖励进步、督促平庸的目的，IBM 已经将这种管理发展成为高绩效文化（High Performance Culture）。在薪酬方面，IBM 施行的完全是一种绩效工资制，是一种浮动工资，一切以员工的绩效为准，而不论员工的忠诚度或资历如何。IBM 的薪金构成很复杂，但里面不会有学历工资和工龄工资，IBM 员工的薪金跟员工的岗位、职务、工作表现和工作业绩有直接关系，工作时间长短和学历高低与薪金没有必然关系。

IBM 的工资与福利项目有如下内容：

1. 基本月薪：对员工基本价值、工作表现及贡献的认同。

2. 综合补贴：对员工生活方面基本需要的现金支持。

3. 春节奖金：农历新年之前发放，使员工过一个富足的新年。

4. 休假津贴：为员工报销休假期间的费用。

5. 浮动奖金：当公司完成既定的效益目标时发放，以鼓励员工的贡献。

6. 销售奖金：销售及技术支持人员在完成销售任务后的奖励。

7. 奖励计划：员工由于努力工作或有突出贡献时的奖励。

8. 住房资助计划：公司提取一定数额资金存入员工个人账户，以资助员工购房，使员工能在尽可能短的时间内用自己的能力解决住房问题。

9. 医疗保险计划：员工医疗及年度体检的费用由公司解决。

10. 退休金计划：积极参加社会养老统筹计划，为员工提供晚年生活保障。

11. 其他保险：包括人寿保险、人身意外保险、出差意外保险等多种项目，关心员工每时每刻的安全。

12. 休假制度：鼓励员工在工作之余充分休息，在法定假日之外，还有带薪年假、探亲假、婚假、丧假等。

13. 员工俱乐部：公司为员工组织各种集体活动，以加强团队精神，提高士气，营造大家庭气氛，包括各种文娱、体育活动、大型晚会、集体旅游等。

绩效工资制的最大特点就是差别化，完全根据市场的变化与员工各自的工作绩效而确定。以绩效和个人贡献为基础，员工得到的奖金也是灵活的而不是固定的。与之相适应，IBM 将股权作为激励员工的重要手段。

在 IBM，每一个员工工资的涨幅，会有一个关键的参考指标，这就是个人业务承诺计划——PBC。只要是 IBM 的员工，就会有个人业务承诺计划。制订承诺计划是一个互动的过程，员工和他的直属经理共同商讨这个计划，几经修改，便和老板立下一个一年期的军令状。老板非常清楚该员工一年的工作及重点，而员工自己对一年的工作也非常明白，剩下的就是执行。到了年终，直属经理会在该员工的军令状上打分，而直属经理本身也有个人业务承诺计划，由上头的经理给他打分，大家谁也不特殊，都按这个规则走。IBM的每一个经理掌握了一定范围的打分权力，他可以分配他领导的那个Team（组）的工资增长额度，他有权力决定将额度分给这些人，具体到每一个人给多少。

IBM的个人业绩评估计划从三个方面来考察员工工作的情况。第一是Win，制胜；第二是Executive，执行；最后是Team，团队精神。

同时，IBM的薪金是背靠背保密的，薪金没有上下限，工资涨幅也不定，没有降薪的情况。在IBM有一句拗口的话：加薪非必然！IBM的工资水平在外企中不是最高的，也不是最低的，但IBM有一个让所有员工坚信不疑的游戏规则：干得好加薪是必然的。IBM会根据情况，看员工的真实要求是什么：第一种情况是看他的薪金要求是否合理，是否有PBC执行不力的情况，如果是公司不合理，IBM会进行改善，公司对待优秀员工非常重视；第二种情况是看员工提出辞职是以增资为目的，还是有别的原因。通过交谈和调查，IBM会让每一个辞职者都有一种好的心态离开IBM。

链接 2

巨人史玉柱的薪酬激励

薪酬对于员工极为重要，它是员工的一种谋生手段，同时也能满足员工的价值感，因此，薪酬在很大程度上影响着一个人的情绪、积极性和能力的发挥。事实证明，当一个员工处于一个较低的岗位工资时，他会积极表现，努力工作，一方面提高自己的岗位绩效，另一方面争取更高的岗位级别。在这个过程中，他会体会到由晋升和加薪所带来的价值感和被尊重的喜悦，从而更加努力工作。真正发挥好企业薪酬对员工的激励作用，可以达到企业与员工的“双赢”。

如何让人才为企业打拼？他们凭什么会去打拼？巨人史玉柱认为，当给员工高薪时，企业的成本是最低的！

脑白金时期，员工们疯狂地工作、疯狂地加班，巨人控股集团经常会在员工加班的时候动不动就发上几千元的奖金，让人惊喜不已。

待遇方面，脑白金时期史玉柱的做法是：重点技术人员不受公司级别制度限制，只要技术能力强，就不怕付出高额报酬。后来，做网游时，巨人控股集团将这套模式运用到了游戏团队中。

史玉柱要让研发人员感到，征途网络给他们的报酬绝对是在整个行业居于前列的。在《征途》研发过程中，巨人控股集团出手颇为大方，给整个研发团队开出了很高的工资。巨人控股集团还指出了网游行业的弊病。巨人控股集团认为，这个行业的员工比其他行业更计较钱。

征途网络某负责人承认，这个 20 人研发团队在当时的薪水、所占期权与同行业相比是非常高的，相比征途网络后来的其他研发人员更高。

薪酬激励并非盲目地给员工高薪。能否有效地运用好薪酬激励使员工发挥最高的效率，这里是有一定的技巧性的。巨人控股集团给征途网络的研发人员高薪，可以很容易地保留重点员工和业务骨干，这对于征途网络这样的高科技公司非常有效。在这种公司，通常是 80% 的业绩是由 20% 的精英来完成的，少数骨干决定了公司的发展。研发人员正是网游公司的灵魂。

巨人网络上市之后，在公司内部的庆功宴上，巨人控股集团宣布了两个消息，一个是给公司员工每人发一枚金币，另一个是给公司所有员工加工资，一个不放过。

马斯洛（Maslow）需求五层次理论说明，人的需求是分层次的，只有满足了低层次的需求之后，才能考虑高层次的需求。工资作为满足低层次需求的保障条件，对绝大多数人来说，仍是个硬道理。工资低的公司，即使企业文化搞得再好，也难留人。对高层次人才，工资较高但如果缺少培训和发展机会，仍然缺乏吸引力。因而，要将薪酬激励与内在的激励相结合，以获得更好的效益。

ALIBABA

第六章

员工管理

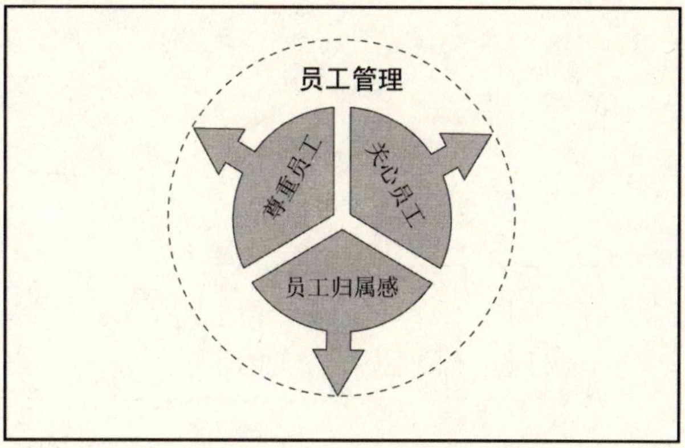

ALIBABA

人是企业最大的资源和财富，关心每一位员工，并强化其自信和出人头地的心理是提高生产效率的关键因素之一。尽管几乎所有公司的高层管理人员都声称自己的公司很关心员工，但只有那些优秀公司在这些方面的重视程度才真正做到了既深远又广泛，从而有别于其他公司。

尊重员工

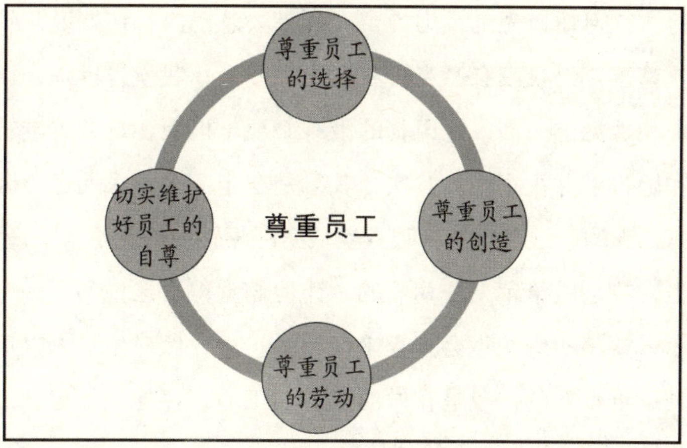

尊重的需要是人的一种基本需要，要真正把员工看作是企业的主人，切实把尊重员工落实到实际行动上，尊重员工的选择、尊重员工的创造，尊重员工的劳动，切实维护好员工的自尊。管理大师德鲁克认为：人是企业唯一真正的资源，企业就应该尊重他，重视他，对他心存感激之情。

沃顿商学院管理学教授西格尔·巴萨德认为：“员工最大的不满之一在于他们的工作没有获得组织给予足够的认同。而尊重是认同的组成因素之一。当员工感到自己没有受到组织的重视和尊重时，他们往往会产生更剧烈的倦怠情绪。”

一个组织在对待其员工时所给予的尊重是“一种能够深入人心的组织层面上的现象，并且必须赢得员工的认同和认可”。

原微软中国总裁唐骏曾经说过：“在美国的公司里你只要付给员工薪金就可以了，而中国的员工很重感情，他们需要被尊重和常常被感动，这就需要一种中国式的人性化管理。”唐骏举了一个例子：“以前微软有位中层领导要辞职去苹果公司担任更高的职位。按照中国人的传统习惯，先是竭力挽留，如果去意已决，那就说几句客气的话就算了，但我没有。当时我在澳洲开会，我就告诉她，让她等我回来和她见上一面，她说真的没有必要，但我还是从香港转机到广州和她告别并祝福她。其实，我只是在走一个形式而已，因为我知道第二天的报纸会说，唐骏专程从澳洲辗转而回就是为了挽留她。实际上，我是做给苹果公司看的，让他们觉得自己挖到了一个真正的人才，要不然唐骏不会专程来挽留她。这样做对她本人以后的发展有利；更重要的，我是在做给我的员工看，让他们知道，公司一直很关注你，直到你在微软的最后一刻。”

尊重部下已经成为巨人控股董事长史玉柱 1997 年以后一贯坚持的原则。史玉柱曾这样说道：“一定要尊重部下。因为你只要这样做，他假如换个单位，可能就不会再碰到一个这么尊重他的老板和上级，所以在困难的时候，他也不会走。在困难的时候，我们这个团队还都在。当时尽管那么困难，但我们大家都有战斗力，三百人在一块开会，三百人工资都发不出，但是三百人战斗力都还在。”“最要害的是你内心深处一定要把他看成是和你平等的人。有的老板会觉得你比我低一等，我是老板，你是我的雇员。假如你真有这种想法，你的言行必然会表现出来。这样你四周的人不会跟你一条心。人是对等的，你一旦对他们尊重，他们会更加尊重你。”

尊重下属并不等于对下属非凡体贴，史玉柱表示：“具体到某项工作，我该批还是照批，批得很厉害，但这只限于工作方面，你内心里一定是尊重他的。

“再一个公司一旦有利益的时候，你不能忘了他们，他们没有股份，但他们在这个过程中是做过拼搏和奋斗的。他做出多少贡献，你给他的回报，应该超出他们中间绝大多数人的预期。当然也不可能满足每个人，因为个别人会有一些偏差，他对自己能力和贡献的认识会有偏差。但是多数人会感觉满足。有好事的时候别忘了他们，他们碰到困难的时候，你要想到帮助他们解决。”

马云说道：

作为领导者，你越谦虚，越尊重别人，你的同事就越能感到你欣赏的目光。克林顿最有魅力的一招，是你讲话时他眼睛盯着你，不管你是谁，他眼睛都 look at you，and listen to you（看着你，倾听你）。

阿里巴巴 B2B 公司和淘宝网董事崔仁辅说道：“阿里巴巴和沃尔玛文化非常相似的一点，就是尊重人！虽然外界很多人都认为马云是狂人，但是我跟他接触觉得他是非常尊重人的。”

尊重员工不只是要尊重员工的人格，更重要的是尊重员工的辛勤劳动。海尔集团张瑞敏在激励员工上堪称典范。海尔员工的工资在同行业中并不是最高的，但海尔员工都有一种自豪感，因为员工的突出贡献为海尔所珍重。海尔直接用员工的名字命名他们不断改进的工作方式，如“晓玲扳手”“云燕镜子”“启明焊枪”“李勇冰柜”等等。这种以员工名字命名的操作法有200余项。这是对员工做出的努力和奉献的最大尊重和肯定，员工们也都以此为自豪。这也极大地激发和调动了员工的积极性和创造欲。

关心员工

人是企业最大的资源和财富，关心每一位员工，并强化其自信和出人头地的心理是提高生产效率的关键因素之一。尽管几乎所有公司的高层管理人员都声称自己的公司很关心员工，但只有那些优秀公司在这些方面的重视程度才真正做到了既深远又广泛，从而有别于其他公司。

IBM公司也许是一家最大同时也是历史最悠久的公司，它的做法都体现在细小的事情上。比如，不关门制度，员工一年只交一元钱的乡村俱乐部，终身雇用，内部提拔，日常护理中心，公司饭店，公司网球场，月度意见调查，推销员的高成功率，深层次的培训等等，无不体现了以人为本的精神。

正泰集团董事长南存辉曾这样说道：“正泰有‘两个上帝’：一个是顾客，一个是员工。要善待这‘两个上帝’。”

李嘉诚说：“最重要的是了解你的下属的希望是什么。第一，除了生活，他们一定要前途好；第二，除了前途好之外，到将来他们年纪大的时候，有什么保障等，很多方面要顾及到的。”

美国惠普科技公司创建人比尔·惠烈说:“我们真的很关心员工,这和钱没有什么关系,重要的是让员工知道我们是关心他们的,比如说当员工家中添一个新生儿时,就赠一条毯子;或是在紧急的时候给予帮助,总之用什么方式都可以。”

海尔总裁张瑞敏喜欢引用的一句古语是:“上下同欲者胜。”企业领导人必须在琢磨人、关心人上下功夫。海尔讲究“三心换一心”:“解决疾苦要热心、批评错误要诚心、做思想工作要知心,换来职工对企业的“铁心”。

阿里巴巴B2B前总裁卫哲对马云的评价是:“媒体上的马云并不完全是马云。你们抓到的都是狂啊、疯之类的。或许你们看不懂模式的时候,你们觉得他更疯狂一点。外界不知道他在工作上有多么细致,他带我们见哪怕很小的客户,他关心自己员工吃饭怎么样,最近玩得开心不开心,主管跟你分享的培训经验好不好等等。这一面恰恰是我印象很深的,我觉得阿里巴巴的成功并不是媒体所表现出的,背后还有很多管理方面、人的凝聚力方面所体现出来的价值。”

“关心员工”可以说是马云创造团队凝聚力的法宝。可以从阿里巴巴员工的话里看出来。

阿里巴巴的一位创业员工说:“我感觉他本质非常好,非常善良,比较照顾周围的人,而且不是应付也不是应酬,而是发自内心的关心。他把我们当朋友,他付出从来不讲回报,他很平等待人,而且做得很正。很多事情我们觉得很困难,可是他却说‘你看我们还有这么多希望’,跟他工作很高兴。生活永远是两面的,你看到一面特别抢眼就看不到另外一面,他启发我们看另外一面,困难的时候我们也没怎么愁云惨淡,很开心就过来了。他的性格也很好,这些都影响了我们。”

朱文新是最早认识马云的人。1997 年，当马云还在创办中国黄页的时候，朱文新就是第一批网页设计师中的一个。“我家境不富裕，又是广东人，一个人在杭州没有亲戚朋友。马云总时不时找我谈心，了解我生活中的困难，而且总能设身处地地帮我。”朱文新说，“他还鼓励我成为全中国最好的网页设计师，让我有了工作的目标。”

马云的创业伙伴，副总裁王帅一直念念不忘的是，有一段时间，他总失眠，马云知道后就回家给其取药，希望他当晚有个好睡眠。马云的员工对他的描述除了“激情、坚持”外，更愿意谈他的细致：关心员工的吃饭，关心员工是否玩得开心，关心主管与员工分享的培训经验效果。

马云在下层员工身上所做的工作很多，甚至包括员工谈恋爱、失恋、和保安发生不愉快等。阿里巴巴首席人力资源官彭蕾说：“连我们都不知道这些鸡毛蒜皮的小事，他经常提醒我们去关注队友。他跟普通员工这种接触超乎我们的想象。”马云的注意力可以扩展很大的范围，同时也可以细微到一个微不足道的细节上。

马云不仅关心员工个人，而且将这种关心泛化到员工的家属身上。在阿里巴巴已经工作了八年的乐军谈到公司最让他印象深刻的事情，他提到了“六一”儿童节，公司鼓励员工们“六一”儿童节那天把小孩带来，乐军说：“在公司搭了充气游乐园，有房子、滑梯什么的，地上还铺上很柔软的地毯，各个楼层都有，让小孩子来玩，这让我们的员工觉得很有归属感，看着自己的下一代也在公司玩，觉得不仅仅是我们自己和公司一起成长，也希望我们的孩子跟公司一起成长。”

阿里巴巴关心员工的行动还表现在，每年都请专业公司调查行业薪资，根据这个来确定阿里巴巴的薪酬是有竞争力的。2007 年，阿里巴巴发现员工的椅子没有扶手，研究之后发现这会额外增加员工的疲劳度，所以即使要花一大笔钱也决定把所有椅子都换成了有扶手的。

员工归属感

“世界 500 强”普遍奉行“全员经营理念”，他们认为公司的所有员工都是经营者，“我是大老板，我的员工是小老板”。人员在这种“有福同享，有难同当”的企业里上班，做事也会卖力，更不会整天都去想怎么跳槽。

沃尔玛创始人沃尔顿曾对《福布斯》的记者说 ：“我们想让员工知道 ：我们很重视公司的员工，对我们来说他们非常重要。对员工要像对待花园中的花草树木，需要用精神上的鼓励、职务晋升和优厚的待遇来浇灌他们，适当的时候移植以保证最佳的搭配，必要时还（需要）细心除去园内的杂草以利于他们的成长。”

沃尔玛的员工不是被称为“雇员（Employee）”，而是被称为“合作者”（Partner）或“同事”（Associate）。沃尔玛设有一系列奖励办法，对优秀员工给予物质和精神奖励。针对员工的利益更有一套详细而具体的实施方案。沃尔玛将“员工是合伙人”这一概念具体化的政策是 3 个互相补充的计划 ：利润分享计划、雇员购股计划和损耗奖励计划。

台湾作家刘墉曾对一位成功企业家专访。在专访中，这位企业家谈到了他用人的方法。“我带领员工的方法很简单，只有两句话：‘你的生活是我的，我的公司是你的。’”刘墉问道：“员工的生活为什么是你的，你的公司为什么是员工的呢？”企业家说：“如果员工生活的不好，他怎么可能为公司效力？所以好的主管一定是把员工的生活看成自己的，为他们解决一切困难，使员工的生活安定满足。至于公司，它当然应该是全体员工的，因为公司是由员工组成的，每个人的工作都影响着整个机构，必须使员工对公司有强烈的归属感，并给予员工一定的奖励和福利待遇。大家才可能同心协力为公司效力，所以每位员工到岗的时候，我都会对他说：你的生活是我的，请你安心工作，我的公司是你的，请你们放手去做。”

在统一价值观这一“虚幻”因素之外，阿里巴巴还通过实实在在的激励措施来保障员工的归属感。为了激励老员工，在阿里巴巴工作满五年的“老阿里”被称作“五年陈”，并赠与一枚白金戒指。在支付宝工作刚满一年的员工还会在公司大堂两侧墙壁上留下“星光大道”式的手印，成为公司一道独特的风景线。

链接 1

万科集团：尊重员工

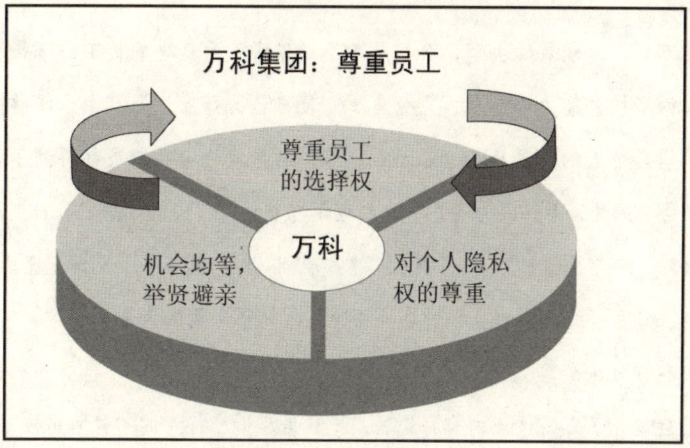

“人才是一条理性的河流，哪里有低谷就流向哪里。”1984 年万科刚成立的时候，万科集团的员工手册上就印着这句话。尊重人，为优秀的人才创造一个和谐、富有激情的环境，是万科成功的首要原因。做人要诚实，要有尊严。同样企业也需要培养尊重人的企业文化，把人当作第一要务。对人的尊重在万科表现为：员工有选择权，员工有隐私权、机会均等。

尊重员工的选择权

当今时代飞速发展，无论是科学还是经济的发展对人才的需求都已超出人们的想象。各单位、各部门求贤若渴，到处招揽人才的现象更是屡见不鲜。全社会正在形成爱才、惜才、重才的浓厚氛围。但是人才频繁流动仍然是比较突出的问题。

人才的流动是现代企业，尤其是社会转型期企业的一种突出现象。所以，正确看待企业的人才流动，认真分析人才流动的原因，科学合理地接纳人才、使用人才、培育人才，是一个企业进行人类资源开发和探讨的课题。

万科认为，人才流动是社会进步的标志之一。社会上的猎头公司就是专门为需要人才的公司和有跳槽意愿的专业人士提供咨询服务的。企业经营不善，优秀员工必然流失，“择良木而栖”。如果挖墙脚把一个企业挖倒闭了，只能说明这家企业不堪一击。

在万科，对职员的去留，公司从来不设障碍。对新进的员工，万科着重了解他们的个性、能力和潜质，充分尊重职员自己的择业意愿。由于能够把公司目标和职员个人的发展目标紧密结合起来，结果使公司和职员都得到了长远发展的动力。此外，万科人力资源部总经理解冻曾说：“我们鼓励职员长期服务，但是反对‘终身雇佣制’。”万科在“终身职业”之前加了一个定语：理想。“终身职业”只是一个生存空间，“职业理想”才是更广阔的天地。

万科按职业经理人的模式培育了许多优秀的人才。同时，也有不少的人才在成长后离开了万科，业内有种说法，万科是房地产行业的“黄埔军校”。

员工的去留，万科认为，对主动选择离职的职员，公司应予以理解和尊重，而在经过能力考察和岗位需要后，也允许离开的员工再回来。

万科认为，高层管理人员的流动对房地产行业的发展功不可没，他们的离去同时也为万科其他员工腾出了一个上升的空间。万科培养的是职业经理人，职业经理人的最大特点就是市场化和可流动，有机会为行业培养更多的优秀人才，也是企业成功的标志之一。

对个人隐私权的尊重

在万科，员工可以申请到自己喜欢的岗位，如果在一个岗位上做了三五年，有了一定的成就，认为目前的岗位限制了自己进一步的发展，万科同样会给员工提供自由流动的空间，让员工去做自己最想做的事情，这一点充分体现出万科对人才的尊重。

“万科的人才理念的核心集中表现在尊重人以及尊重个性上。具体而言，就是尊重人的选择权和隐私权，摆正公司和个人之间的关系。”这是《万科周刊》对万科人才理念的归纳，并认为：“作为市场经济的产物，万科在观念体系上体现出了市场经济价值观念的特色。”

万科公司从不干涉职员工作外的生活，也不主张员工带病上班或在家人患重病时上班。这与许多企业仍在将“以企业为家”作为正面事例大加宣传完全不同，事实上，这样的宣传才是对人不够尊重的表现。

尊重个人的隐私权，惟其如此，才能使职员的独立人格得以健康发展。万科的管理层意识到，没有职员健全的独立人格，就没有充满创造力和进取精神的群体活力。因此，万科在公司内倡导一种健康、向上的生活方式，鼓励职员做一个正直和有益于社会的人，但公司领导又不做“父母官”，不干涉职员的私生活，把公事和私事作了严格的区分。

以住房为例，万科成立初期，职员住房主要靠公司解决，当时万科买的第一批房子20套是分3个住宅小区购买，避免了“上班是同事，下班是邻居”的现象，目的就是为创造一个职员的个人生活空间，保持工作和生活的平衡。

万科努力为员工营造和谐的工作氛围，并倡导简单而真诚的人际关系。在公司的内部网和周刊论坛上，员工可以投诉和建议，畅所欲言。内部投诉机制的建立，使职员可以参与管理，充当监督人，提升了管理效率和透明度。对于内部投诉机制的设立，王石有其独到的见解。

机会均等，举贤避亲

万科认为对员工的尊重还体现在给他们一个公平竞争的机会。这一点恐怕在中国企业中是最大的问题。古语说：举贤不避亲。但万科认为，在中国企业当中如果要形成一种公平竞争的机制，举贤就一定要避亲。万科强调机会均等。中国的新兴企业以家族为纽带，或者是以家乡子弟兵为纽带，这样是很难机会均等的。

万科自始至终没有王石的亲戚，既没有直系，也没有旁系，没有王石的大学同学，也没有儿时的玩伴。

万科董事长王石带头这样做，同时也要求下属遵照执行。

“举贤避亲”的考虑避免了企业人际关系复杂所带来的管理问题，给职员提供公平竞争的机会，公司内年轻职员完全凭自身能力获得没有天花板的上升空间，而不是靠裙带关系。

据说，多年前王石曾离开公司去外地学习了一年，回来后发现他那毕业于吉林大学国际金融专业的表妹在公司上班，这是万科需要的人才，但却硬是被王石劝走了，王石的逻辑是“如果你有本事，去哪里都能施展；如果你没本事，凭什么在我这儿混”？

为了避免造成裙带关系，万科不提倡夫妇双方同时在万科工作。由于最大限度地削弱了血缘、宗亲关系的影响，因此，在万科公司内部，人际关系相对而言比较简单，为公司的规范化管理创造了一个良好的环境。

万科重视“举贤避亲”还有着他另外的一个考虑，即为了避免世界华商的局限。

王石认为，华人社会在世界经济领域已取得了举足轻重的地位，据1994年统计，100位世界首富华人有6位，但在500个大企业排行榜上，华人私人企业没有一家进入，成规模的很少。至于原因，华人新兴企业具有宗族倾向，观念和组织上都是宗族化的。禹作敏的乡办企业有50多个亿，却出了众所周知的乱子。浙江的一家企业非常成功，但万科惊讶地发现，企业创始人已将自己刚20出头的儿子任命为总经理，苏南的乡镇企业也有不少类似的例子。这种状况下，华人企业怎么可能现代化。

链接 2

通用电气：非正式沟通

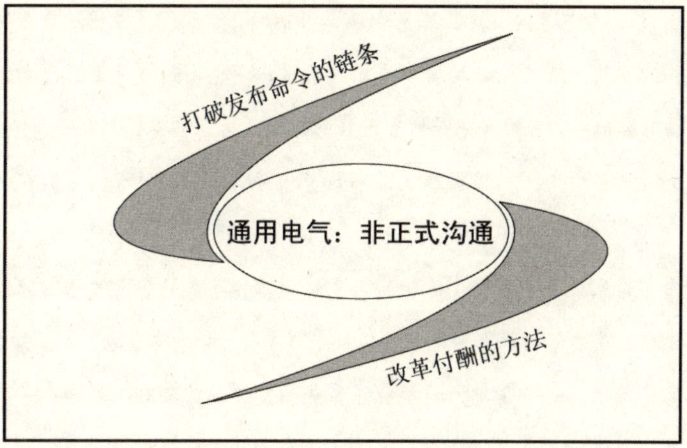

通用电气前总裁杰克·韦尔奇最成功的地方，是他在通用电气建立起了非正式沟通的企业文化。通过这种非正式沟通，韦尔奇不失时机地让员工感觉到他的存在。

韦尔奇最擅长的非正式沟通方式就是提起笔来写便笺。他写的便笺，有给直接负责人的，也有给小时工的，无一不语气亲切而发自内心，蕴含了无比强大的影响力。每次韦尔奇从董事文具夹中拿起黑色圆珠笔，不一会儿就有便笺通过传真直接传给雇员。

写这些便笺的目的就是为了鼓励、激发和要求行动。韦尔奇通过便笺表明他对员工的关怀，使员工感到他们之间已从单纯的主管与下属的关系升华为人与人之间的关系。而韦尔奇知道，从他手中发出的只字片语都很有影响力，它们比任何长篇大论的演说都更能拉近他和员工的关系，而且这也是他对下属们有效地传达重要观念的最佳方式，所以他乐此不疲。

使公司变得“非正式”意味着：打破发布命令的链条，促进不同层次之间的交流；改革付酬的方法，让雇员们觉得他们是在为一个几乎人人都相知甚深的老板工作，而不是一个庞大的公司。

1987年，韦尔奇向公司员工发表演说时指出：“我们已经通过学习明白了‘沟通’的本质。它不像这场演讲或录音谈话，它也不是一种报纸，真正的沟通是一种态度，一种环境。它是所有流程的相互作用；它需要无数的直接沟通；它需要更多地倾听而不是侃侃而谈；它是一种持续的互动过程，目的在于创造共识。”

对韦尔奇来说，沟通是个人的事。他认为，和某人的一段随意的或短暂的对话远比在企业内部刊物上刊登大段文章来得更有价值。他也比他人更知晓“意外”二字的价值。每个星期，他都会不事先通知地造访某些工厂和办公室；临时安排与下属经理人员共进午餐；工作人员还会从传真机上找到韦尔奇手书的便笺，上面是他遒劲有力又干净利落的字体。所有这些的用意都在于领导、引导和影响一个机构庞大、运行复杂的公司。

韦尔奇不只会讲话，他还懂得如何倾听。正如同“倾力解决”方案的实施成果显示，沟通必须是双向的。卓越的领导能力不仅可以不断鼓励企业员工勇于表达他们的意见，而且还会主动倾听这些意见，采取实际行动，并发挥利用各阶层员工的知识和经验。唯有双向的沟通才能使整个流程成为真正的沟通。这种双向沟通对于一个企业能否彻底开发任何类似计划的潜能，进而达成预定的目标至关重要。

专题

满足员工个性化要求

在设计工作环境时，公司不妨尽量满足员工的个性化要求。让员工自己掌握对工作场所的装饰，允许他们保留一定的隐私权和表现自我的机会。有些雇主考虑他们应当对员工装饰工作场所做些规定，通常，这是没有必要的，员工会顾及办公室的形象的。对他们来说，他们越是感到工作场所舒适，他们的工作效率就越高，对工作环境就越满意，这种感觉使他们更愿意留在这种有个人自由的组织中。

除了办公场所，同样的理念可应用生产场所。出于安全原因，应当考虑加以限制，但是，许多工作场所应当允许摆放家庭照片或放些花来点缀。

有些生产企业鼓励他们的生产员工把机器涂成自己喜欢的颜色。的确，这样可能使工厂像一个马戏场——马戏场不也是很有趣吗？工作场所本身就应当有趣。如果他们能从工作中获得乐趣，他们会更加热爱他们的工作，并且更有效率和忠诚感，他们与公司是紧密相连的。

在许多环境中，公司通过鼓励员工把抽屉装饰得很有品位，可以收到同样的效果。自我表现的方法除了受到你的想象力和办公区行为规定的约束外，可以自由发挥。并不是所有的人都愿意利用个性化工作区的机会，但大家都希望有这样的权利。

人们在工作时，通常愿意喝点咖啡、喝杯饮料或享用一杯白水，有些人喜欢嚼嚼糖块或胡萝卜条。这些小吃可能有助于人们保持活跃状态，使他们精神振作，或者满足营养需要。

只要这种放松或者说是消费不影响安全、质量和工作进展，让他们自由享用这些小吃不失为一个好主意。

有人可能想问，为什么要提及这个问题。因为有些公司甚至不允许员工在工作台前喝咖啡，不管是在生产区还是在办公区，员工必须离开岗位才可以喝咖啡或茶。但事实上他们可能不想离开岗位，他们只想喝一杯咖啡或软饮。

如果公司的政策强迫人们停止效率正高的工作来休闲，员工们可能获得这样的信息："作为'人'和享受放松、工作是截然分开的。因此，作为'人'和享受手头工作也是截然分开的。享受的概念和工作毫无关系。"这听起来有点牵强但是事实。

让个人目标和组织目标紧密联系的感情非常有利于生产率的提高，一个从个人和组织角度都有价值的积极的目标将使工作得以顺利完成。员工们相信："满足我的个人需要，如轻松一下或洗个澡都是我工作的一部分，不要把它们分开，我会很好地把我个人的精力投入到我希望完成的工作中。我所做的每件事情都有助于我达到或超过生产指标和工作满意期望。"

另外，企业要给员工安排工作时间、休息时间和完成指定任务的自由。在工作的各个方面，建立规章制度要求人们如何操作是很重要的。但是，如果把规章制度制定得太严、太死，那些感到能控制自己生活的人会提出反对意见。

工作中的许多地方——如不断行进的生产线，需要有更多的控制。在这些岗位工作的人会理解这种需要，也愿意接受与工作相伴的这些规定？问题的关键是别把规章制定得太严，以至于超过了实际需要。要尽可能多地给员工灵活机动。

第七章

员工考核

ALIBABA

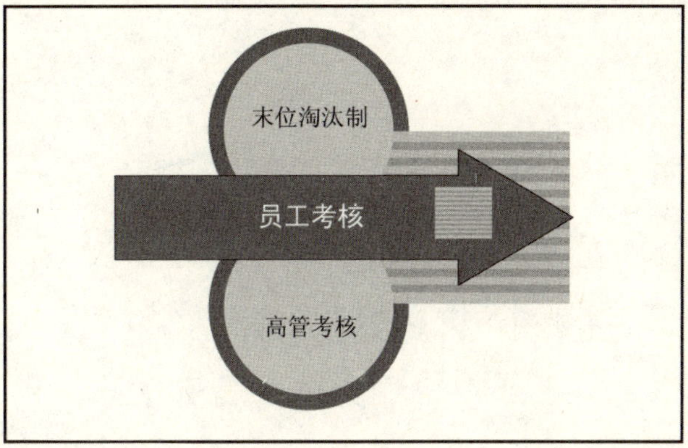

ALIBABA

优秀人才通常都希望自己的成果能得到别人尤其是上级领导的认可；而不努力的员工则是希望谁也不知道。留住好的优秀员工，淘汰差的员工，绩效考核是很有效的方法。良好的绩效评估系统，可以使企业甄别出优秀的人才，并因此使双方都大大受惠。

阿里巴巴有着严格的绩效考核：所有的员工，每季、每年都要参加业绩、价值观的双重考核，各部门主管按“271”原则对员工的工作表现进行评估：20%超出期望，70%符合期望，10%低于期望。在这个过程中，怎样保证考核的公正性呢？在阿里巴巴员工进行自我评估、主管给员工考核时，如果考核成绩在3分以上或0.5分以下，都要用实际案例来说明这个分数。主管完成对员工的评估，同时跟员工进行绩效谈话以后，员工就可以在电脑上看到主管对自己的评价。同时，员工也可以随时找HR（人力资源），反映考核中的问题。

在马云的思维里，对于“野狗”，无论其业绩多好，都要坚决清除；“小白兔”会被逐渐淘汰掉；只有“猎犬”才是阿里巴巴需要的。马云说道：

在阿里巴巴公司的平时考核中，业绩很好，价值观特别差，也就是，每年销售可以卖得特别高，但是他根本不讲究团队精神，不讲究质量服务。这些人我们叫“野狗”杀！我们毫不手软，杀掉他。因为，这些人会对团队造成伤害，是非常大的。

马云表示：“我们公司是每半年一次评估，评下来，虽然你的工作很努力，也很出色，但你就是最后一个，非常对不起，你就得离开。

在两个人和两百人之间，我只能选择对两个人残酷。”

末位淘汰制

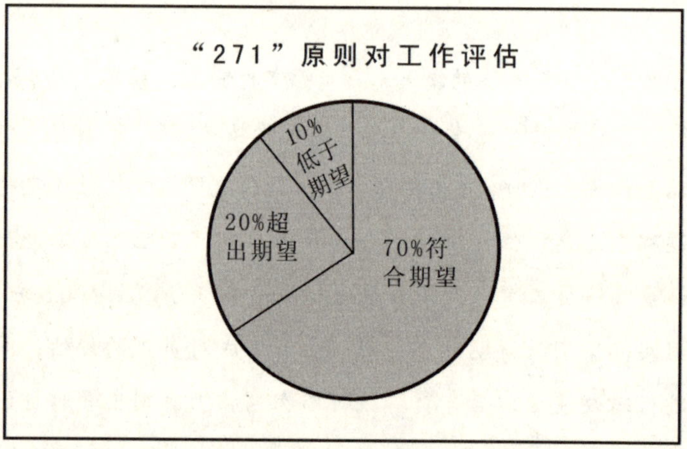

在阿里巴巴，有一个特殊的人力资源政策，员工在离职之后，可以再回到阿里巴巴工作，但是一共只有这两次机会进入阿里巴巴，因为每个人的编号都被无限期保留。第二次离职之后阿里巴巴将不会再录用。

阿里巴巴首席人力资源官彭蕾的解释是，阿里巴巴既给机会又只给两次，是因为阿里巴巴的老员工对阿里巴巴的企业文化比较了解，比较容易融入，而且第一次离职可能是有什么特殊情况，公司也要理解员工。但是特殊情况并不会那么频繁发生。如果太多就变成一种儿戏，做得不高兴就想到别处晃晃。

阿里巴巴有个制度，员工被开除后三个月内还可以再返聘。阿里巴巴考核员工有两个标准：一个是业绩；另一个是价值观。阿里巴巴管那些业绩很好，但没有价值观的员工为“野狗”，这种人是一定要被踢出去的。还有一种人，业绩虽然不好，但他的价值观非常好，阿里巴巴称之为“小白兔”，这种类型的员工最终也要会被踢出去。阿里巴巴留下的人是业绩、价值观都好的人。不过，“小白兔”在离开公司三个月后，还是有机会再进阿里巴巴，只要他能把业绩搞上，而“野狗”就没有这个机会了。

小白兔是很肯干，价值观符合企业要求，但出不了业绩的员工。对这类员工，不能心慈手软。很多时候，因为他们的态度好而总是放任，造成的恶果是：明星员工得到的关注度不够，产生不良情绪。而对低业绩的姑息，从另一个角度打击了明星员工的积极性。马云说道：

你要成为一个优秀的人，一个杰出的企业人，你必须要往这儿努力，一个杰出的企业你必须要为社会创造价值，同时也有良好的业绩支持，你才可以，你讲理想，同时也要有很好的收入，否则的话都是瞎掰，少一个都不行，不能极左不能极右，必须共同前进，这不是老板理论。所有人做事成功都要这么做，而且中国最早的道家理论，阴阳、太极就是在这里面出来的。

末位淘汰制在企业界历来备受非议。但是在华为，它就是公司的自然淘汰制，是一项非常重要的用人制度。

到目前为止，在华为只有过两次比较剧烈的末位淘汰。一次是在 1999 年，当年的淘汰幅度在 10% 左右。另一次是在 2001 ~ 2003

年的全球电信行业“冬天”期间，华为不得不减少招聘数量，并加大了末位淘汰制的执行力度，真正达到了 3% ~ 5%。这也是华为成立以来最严格的一次末位淘汰制，以至于外界误认为华为开始裁员了。

任正非这样解释华为 2002 年的末位淘汰，以回应外界人士的误解以及一部分内部员工的担忧。任正非说道：“事实上我们公司也存在泡沫化，如果当年我们不去跟随泡沫当时就会死掉，跟随了泡沫未来可能也会死掉。我们消灭泡沫化的措施是什么？就是提高人均效益。”

事实上，华为那些被淘汰下来的员工并不完全是被解雇，有一部分可以进入再培训，或选择“内部创业”。《华为基本法》这样规定：“利用内部劳动力市场的竞争与淘汰机制，建立例行的员工解聘和辞退程序。”除此之外，《华为基本法》还规定：“公司在经济不景气时期……启用自动降薪制度，避免过度裁员与人才流失，确保公司渡过难关。”

高管考核

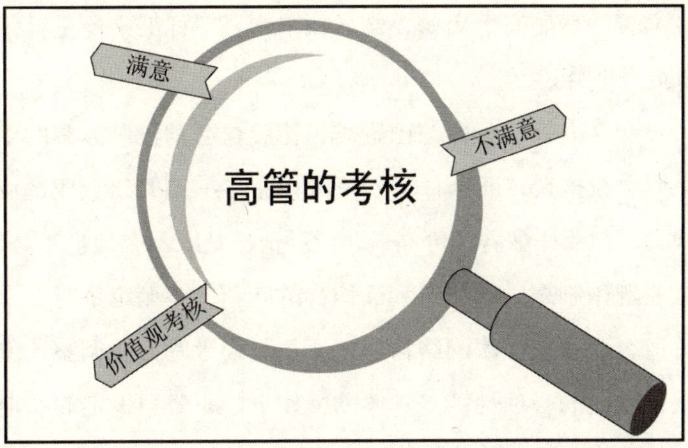

企业高管是一个特殊的人群，特殊在于其工作的非常规、不确定而又异常重要。对任何企业而言，高管层都是极其特殊和重要的，高管层对企业的重要性体现在他们在事实上决定了公司的战略和发展前景，他们是公司资源的管理者和决策者，公司的命运与其行为密切相关。由于高管能够控制和影响公司业绩，甚至能够通过影响公司报表来制造业绩，因此没有适当的评价和考核体系仅对高管进行激励对公司的危害将更大，著名的安然事件就源自于高管为了谋求激励而制造业绩的不良行为。

在经济危机的今天，企业高管的高薪被推到了风口浪尖，而且这次中国还不是问题的重灾区，华尔街的那些高管及大规模裁员的国际公司的高管们依然“照章办事”地领取天价薪酬，当然会引起公愤。

从感性角度来看，高管们的高薪确实不合时宜，然而这些高管却也在喊冤，因为他们的薪酬也是符合现代人力资源标准的，他们可以用市场化理论来合理解释他们的高薪。另一方面欧美国家虽然也感到高管的薪酬高得离谱，却又找不到合理标准来衡量具体薪酬的高低或合理性。

2009 年 3 月，作为参与国资委讨论股权激励机制方案的专家之一，李明宇在接受《证券日报》采访时说道："高管给企业造成了很大的损失，却照样拿着天价高薪，此种情况是既不合理也不合法的。这也是薪酬体制矛盾的焦点和最核心的问题。""无论是对上市公司还是普通企业来说，薪酬结构一定要往长期激励方向调整，就可能达到上面所说的合理性。""具体的操作上，即公司设定的长期激励要与业绩挂钩，并且为此设立一个考核指标。可以了解到国资委目前非常的看中业绩考核指标的设定。具体的考核指标设定也不是简单地从资产增值方面进行评估，而是更深层次的从资产收益率、净利润增长等直接与股东权益、收益方面相关的方向设定。其中包括业绩指标也是横向、纵向设定考核，这些内容都是新增加的内容。"

2009 年 2 月，《中国企业家》曾这样记载："有一天，马云告诉彭蕾（阿里巴巴首席人力资源官），他准备以'满意'或者'不满意'来考核子公司总裁。听闻此消息的彭蕾'忍不住从椅子上跳了起来'，虽然她已与马云一起工作超过十年，早已习惯了马云天马行空的风格，但彭蕾还是觉得，认为'这个东西极不靠谱'。

"当马云在集团高管会上宣布这个决定时，5 家子公司的总裁们也差点'跳到天花板去了'，从 2002 年开始，阿里巴巴对于公司高管的考核有一套清晰的平衡积分表，分别对团队、战略等指标进行考核。如今，以马总满不满意作为考核标准，这是什么考核标准！

“彭蕾后来才理解了马云的用意，这是马云在帮助接班人成长，‘越想越觉得靠谱’，这个事情还是挺妙的。像淘宝的总裁，那么大一个公司的负责人，如果再用平衡积分表去考核是愚蠢的。他其实已经算是一个领导人，更多的要考核他的领导力还有他个人的特质，他怎么样做好这个平衡。现在其实有点‘无招胜有招’的味道了，‘他自己要去想他的漏洞在哪里，他在战略上的取舍到底是什么。他要学会做这样的判断。’”

从 2007 年开始，针对空降管理人员增多的情况，阿里巴巴在考核方面做了一个重大调整——价值观考核，考核人员上至副总裁。2007 年以前，这种考核方式只限于总监以下级别，但从 2007 年开始，包括总监、副总裁在内的全体员工都需要进行这个考核。

在 SOHO 中国公司，对高管的考核标准，SOHO 中国联席主席潘石屹这样说道：“高层要跟公司的经营、赢利挂钩，基层与销售额挂钩，而且所有的销售总监、副总监和销售员，发的工资和提成是按照星期发。这个星期成交了，就拿着钱走，如果不成交就没有钱，这是一个激励。”

在潘石屹之下，是由目前 7 个人根据每个人特长组成的一个操作层，有的负责销售，有的负责财务，有的负责工程。每个职位有明确的工作要求和考核标准。

对于管理层，SOHO 中国，不叫末位淘汰，用的是评分制。

SOHO 中国副总裁许洋说：“我们委托其他的机构做过调查，同行业中，我们公司的管理层、部门经理以上层级的人员是房地产行业中收入最高的，员工级收入也是中高的。

“如何了解每个经理有什么技能呢？要对其硬性和软性技能进行评估。就硬性技能而言，包括知识的掌握和能力的运用，专业名词叫做程序化和专业技能。例如，销售人员的硬性技能就是掌握公司的产品知识，了解公司的政策和服务程序、规章制度，会使用专业的销售工具，英语听、说、读写流利……这些因素都跟职位需求有关，是从事这个职位所必备的技能。”

附录

阿里巴巴的价值观行为准则评分标准

Customer First（客户第一）

1分：尊重他人，随时随地维护阿里巴巴形象

2分：微笑面对投诉和受到的委屈，积极主动地在工作中为客户解决问题

3分：与客户交流过程中，即使不是自己的责任，也不推诿

4分：站在客户的立场思考问题，最终达到客户满意

5分：具有超前服务意识，防患于未然

Teamwork（团队合作）

1分：积极融入团队并乐于接受同事的帮助，配合团队完成工作

2分：主动给予同事必要的帮助；碰到困难时，善于利用团队的力量解决问题

3分：决策前积极发表个人意见，充分参与团队讨论；决策后，无论个人是否有异议，必须从行动上完全予以支持

4分：能够客观认识同事的优缺点，并在工作中充分体现“对事不对人”的原则

5分：能够以积极正面的心态去影响团队，并改善团队表现和氛围

Teach & Learn（教学相长）

1分：掌握与本职工作有关的业务知识和技能

2分：能够虚心请教，不断充实业务知识，提高业务技能

3分：在团队中积极主动与同事分享业务知识，交流工作经验

4分：担任公司范围内的内部讲师，并获得学员一致好评

5分：代表公司担任业界授课讲师，并获得学员一致好评

Quality（质量）

1分：没有因工作失职而造成的重复错误

2分：始终保持认真负责的工作态度

3分：帮助客户解决疑难问题并获得客户的积极认可

4分：用较小的投入获得较大的工作成果

5分：不断突破过去的最好表现

Simplicity（简单）

1分：诚实正直

2分：遵循必要的工作流程

3分：表达与工作有关的观点时，直言不讳

4分：做事情充分体现以结果为导向

5分：遵循但不拘泥于工作流程，化繁为简

Passion（激情）

1分：喜欢自己的工作，认同阿里巴巴企业文化

2分：热爱阿里巴巴，不计较个人得失

3分：面对日常工作持之以恒，并不断尝试提升业绩

4分：碰到困难和挫折的时候不退缩

5分：在困难和挫折中，不断寻求突破，并获得成功

Open（开放）

1分：能进行必要的工作交流

2分：通过正确的渠道和流程，准确表达自己的观点；表达批评意见的同时能提出相应建议

3分：在交流中能认真倾听别人的观点，即使是不同观点，也能抱着“有则改之、无则加勉”的态度虚心听取

4分：能积极吸取别人好的观点，并能够发表不同意见

5分：不但积极吸收，同时积极与同事分享正确而且正面的观点

Innovation（创新）

1分：适应工作环境的变化，并付诸行动

2分：不断改善个人工作方式方法，使个人绩效得以持续提升

3分：乐于接受变化，并以积极正面的态度参与其中

4分：能提出与本职工作密切相关的建议，从而提升团队绩效

5分：创造变化，并带来公司业绩突破性地提高

Focus（专注）

1分：上班时间只做与工作有关的事情

2分：能按时按质完成本职工作

3分：能根据轻重缓急来正确安排工作优先

4分：面对变化，能够坚持公司目标

5分：懂得必要的取舍，并获得成功

专题

如何设计绩效考核体系

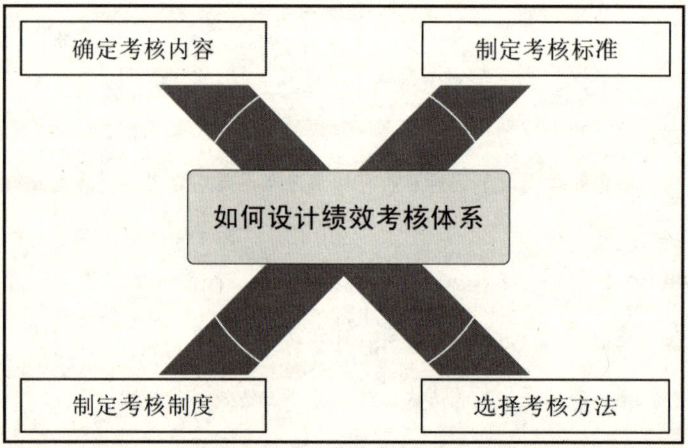

对于一些新成立的企业，可能还从来没有进行过绩效考核，这就需要人力资源部门根据企业的具体情况来建立一套切实可行的绩效考核体系。有了绩效考核体系，企业就可以长期、系统地实施绩效考核工作。建立绩效考核制度，一般可分为选取考核内容、制定考核标准、选择考核方法及制定考核制度等四个部分。

一、确定考核内容

1. 确定考核内容的原则

考核内容主要是以职位的工作职责为基础来确定的，但要注意遵循下述三个原则：

（1）相一致。考核内容实际上就是对员工工作行为、态度、业绩等方面的要求和目标，它是员工行为的导向。考核内容是企业组织文化和管理理念的具体化和形象化，在考核内容中必须明确：企业鼓励什么，反对什么。给员工以正确的指导。

（2）有所侧重。考核内容不可能涵盖该职位上的所有工作内容，为了提高考核的效率，降低考核成本，并且让员工清楚工作的关键点，考核内容应该选择职位工作的主要内容进行考核，不要面面俱到。这些主要内容实际上已经占据了员工80%的工作精力和时间。另外，对难于考核的内容也要谨慎处理，认真地分析它的可操作性和它在职位整体工作中的作用。

（3）直奔主题。一定要切记，绩效考核是对员工的工作考核，对不影响工作的其他任何事情都不要进行考核。比如说员工的生活习惯、行为举止、个人癖好等内容都不宜作为考核内容出现，如果这些内容妨碍到工作，其结果自然会影响到相关工作的考核成绩。

2. 对考核内容进行分类

为了使绩效考核更具有可靠性和可操作性，应该在对职位的工作内容分析的基础上，根据企业的管理特点和实际情况，对考核内容进行分类。比如将考核内容划分为“关键工作”考核、“平常工作”考核和“工作态度”考核三个方面：

（1）“关键工作”是指在考核期内被考核人列举一至三项最关键的即可，如对于开发人员可以是考核期的开发任务，销售人员可以是考核期的销售业绩。“关键工作”考核具有目标管理考核的性质。对于没有关键工作的员工（如清洁工）则不进行“关键工作”的考核。

（2）“平常工作”的考核条款一般以职位职责的内容为准，如果职位职责内容过杂，可以仅选取重要项目考核。它具有考核工作过程的性质。

（3）“工作态度”的考核可选取对工作能够产生影响的个人态度，如协作精神、工作热情、礼貌程度等等，对于不同职位的考核有不同的侧重。比如，“工作热情”是行政人员的一个重要指标，而“工作细致”可能更适合财务人员。另外，应注意一些纯粹的个人生活习惯等与工作无关的内容不要列入“工作态度”的考核。

分类不同的考核内容，其具体的考核方法也不同。

二、制定考核标准

制定考核标准通常有编写考核题目和制定考核标准两个步骤：

1．编写考核题目

在编写考核题目时，要注意以下几个问题：首先，题目内容要客观明确，语句要通顺流畅、简单明了，不会产生歧义；其次，每个题目都要有准确的定位，题目与题目之间不要有交叉内容，同时也不应该有遗漏；最后，题目数量不宜过多。

2．制定考核标准

考核标准就是对员工绩效进行考核的标准和尺度。对员工进行绩效考核，需要依据一定标准对每一指标进行衡量，因此需要绩效考核标准。考核标准对于一定时期员工的努力方向和积极性有重要影响，应慎重对待。在编制考核标准时应遵循以下几项原则：

（1）准确定量。标准能用数量表示时应尽可能使用数量。如对推销员的销售额指标，假如分成三档的话，用“50 万元以上为‘合格’得 1 分，100 万元以上为‘良好’得3分，150万元以上为‘优秀’得5分”的标准就比“‘比较少’得1分，‘较多’得3分，‘很多’得5分”的衡量标准要好。同时，标准的定量必须准确。定量准确包括三个方面：

①合理的标准，即指各指标起止的标准水平要合理。

②各标准的含义，相互间的差别应是明确合理的，评分应是等距的。

③选择的等级档次数量要合理。

（2）先进、合理的内容。所谓先进是指考核标准要反映企业的科学技术水平、管理水平，不至于使员工的每项指标都达到满分；所谓合理是指考核标准不能太严，使员工的考核分数都较低。一般情况下，应以多数员工都能达到的水平为考核的及格分。

（3）有针对性的考核标准。即要针对不同的职位及承担该职位被考核者的特点制定不同的考核标准。同样的指标，对于不同的职位其要求是不同的。比如“出勤率”指标，对于门卫，其要求是严格的，而对于推销员，就不必过于苛求，甚至不予考核。同是95%的出勤率，推销员的得分就应高于门卫的得分。

（4）文字应简洁、通俗。在标准中，应尽量使用人们常用的大众化语言和词汇，表达力求简明扼要，专业术语及模棱两可的词句尽量不用，以减少由于考核者对词汇概念理解的不同而产生的评定差异。

三、选择考核方法

对于不同的员工，考核内容是不同的，考核方法也是不同的，可采用多种形式进行考核。这可以从多方面来衡量评价一个人，可以有效减少考核误差，提高考核的准确度。

四、制定考核制度

人力资源部门在完成选取考核内容、制定考核标准、选择考核方法及其他一些相关工作之后，就可以将这些工作成果汇总在一起，制定企业的“绩效考核制度”，该制度是企业人力资源开发管理关于绩效考核的政策文件。有了“绩效考核制度”，就代表着企业的绩效考评体系已经建立。

“绩效考核制度”应该包括考核的目的和用途、考核的原则、考核的一般程序等方面内容。

第八章

培养企业“干部”

ALIBABA

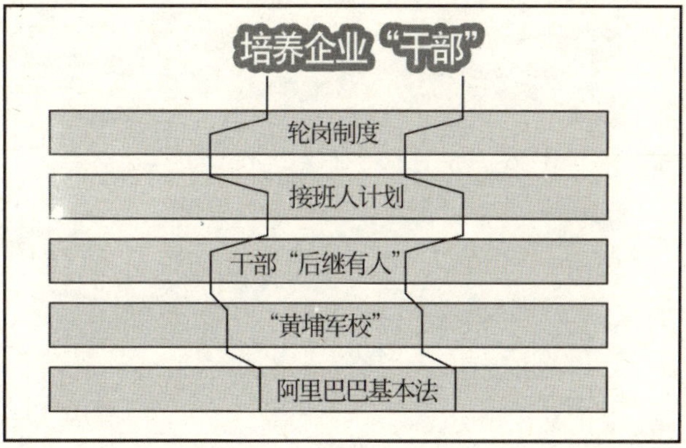

ALIBABA

一个企业发展到成千上万人的规模，没有一个班子而只靠一个人的领导肯定是不行的。只有一个人领导的话，领导出差了，原来制定的东西马上就会走样。好一点的结果是阳奉阴违，坏的结果是完全不照着做，因此，领导要真正树立威信，希望自己制定的东西能够顺利实施的话，就要有一个班子，有了班子，才能群策群力。

对任何组织而言，干部培养都是个战略问题，企业亦然。一方面，干部是企业战略从决策到执行的中枢；另一方面，干部培养不仅是为了完成“今天”的任务，更是为企业的未来积蓄能量。干部从哪儿来？最直接的方式是“空降”，拿来就用，问题是好不好用，能用多久。《基业长青》作者柯林斯研究后发现，18 家伟大公司在总共长达 1700 年的历史中，只有四位 CEO 来自外部。同样，国内优秀企业的领导者，绝大多数也来自内部。当然，也有不少企业引入空降兵，但成功的案例却少之又少。因而，干部的内部培养显得格外重要。

轮岗制度

中国有句古话：流水不腐，户枢不蠹。这句话用来形容“轮岗制”在企业中的作用再合适不过了。“任何人在工作中都需要挑战和新鲜感，在一个岗位太久，就会形成惰性，而轮岗制则会使人对工作充满新鲜感。”

就像很多演员“演而优则唱”一样，企业中的人才也希望自己能够一专多能，有更广阔的发展空间。而那些真正把握住员工心理的企业就像那些明星的经纪公司一样，想方设法挖掘员工的潜力，为他们提供更大的舞台。同时这也是为了给企业创造更大的价值。

人像动物一样具有喜新厌旧的本能，任何工作，干的时间一长，就可能感到厌倦、无聊。企业有意识地安排职工轮换做不同的工作，可以给员工带来工作的新鲜感，新奇感，调动员工的工作积极性，可以让员工取得多种技能，同时也挖掘了各职位最合适的人才。于是，一种以双赢为宗旨的企业轮岗制度应运而生。

企业之所以要开展轮岗工作，其目的一般有五个：第一，防止某些高管人员长期在一个岗位上工作，形成特定的人际圈子，导致腐败机会的增加；第二，通过轮岗，培养多面手，同时使多个员工对同一岗位保持熟悉，使每一个岗位都成为随时可以被替代的岗位，保证岗位的安全性；第三，使相关联的岗位通过角色转换，更好地理解其他岗位的工作，能够更好地承担自己的职责；第四，丰富员工的工作阅历，积累其工作经验，作为一种培养管理人才的手段；第五，防止员工长期在一个岗位上工作，导致工作热情的消退。

轮岗已成为企业培养人才的一种有效方式，很多成功的公司如IBM、西门子、联想等都已经在公司内部或跨国分公司之间建立了岗位轮换制度。

有些外企规定，经理人要有至少三次的轮岗经历，才有资格担任CEO。所以，对个人成长而言，轮岗可以强化自身的沟通能力、人脉关系、扩展视野、培养战略眼光，从而为升职做好准备。

日本丰田公司对于岗位一线工人采用工作轮调的方式培养和训练多功能作业员，提高工人的全面操作能力。通过工作轮换的方式，使一些资深的技术工人和生产骨干把自己的所有技能和知识传授给年轻人。对各级管理人员，丰田采取5年调换一次工作的方式进行重点培养。经常有秩序地轮岗可对员工造成适当压力，能有效发挥其工作潜能和积极性，使整个企业保持生机勃勃、蒸蒸日上的积极态势。

GE的为期2年的管理培训项目是GE领导力培训中的重要组成部分之一，GE专门招聘各领域优秀的人才参加这些培训项目。6个月或8个月轮一次岗，安排3～4个不同的岗位，包括岗位学习与课堂培训。这不是只待在教室里上课，而是2年内在3～4个不同的岗位上做轮换工作，每个岗位轮职半年。这是非常具有“GE特色”的培训方式，几十年来被GE在全球范围内重复着。

阿里巴巴一直强调要培养通才型的领导，因此，在阿里巴巴轮岗是一个常态。

阿里巴巴人力资源副总裁邓康明如此阐释轮岗的好处：“通过岗位的互换，消除岗位之间的壁垒，人们才能学会从不同角度、用不同方法去思考、分析问题，才能真正地培养出系统思维的能力。”

2007年8月，马云在接受媒体采访时，曾谈及对干部轮岗的看法。马云说道：“国家换一个省长、市长，一点反应都没有，这个制度值得学习。”

在阿里巴巴，总监以上的干部，集团组织部随时调整。在淘宝干得不错，明天可以到支付宝或者阿里巴巴B2B干两年。干部经过这样调整，眼光视野就开阔了，可以把阿里巴巴的经验带到淘宝，可以把淘宝的经验带到阿里软件。

阿里巴巴鼓励人才流动，而且是强制性流动。马云曾在一次公司内部会议里强调说：

阿里巴巴的干部要轮转，让销售人员到后台来，看看后台怎么运作的；让后台的人到前台去，看看前台怎么运作的。阿里巴巴的业务经理们也定期在全国城市之间大调动，让他们调换眼光，这是阿里巴巴培育员工拥抱变化能力的措施之一。

阿里巴巴一直认为：轮岗能为高潜质人才提供更大的发展空间和发挥创造力的舞台，协助员工完成职业转型及职业生涯的飞跃式发展，同时也对现有人才产生极大的激励，让组织充满活力，留住企业关键、核心人才。事实上，阿里巴巴的创业元老和众多老员工几乎每一个人都经历过不止一次的工作变动。说起这件事，马云颇多感慨：

这么多年我觉得他们教（会）了我很多的东西，我们阿里巴巴很多优秀的员工，这六七年所有的工作全部换过，我感谢我们团队的配合。

“大变动”在阿里巴巴也不止一次了。每次大变动，都会涉及许多人的个人利益。有时变动意味着有些人长期经营的阵地和成果顷刻间化为乌有，一切都得从头开始；有时变动意味相关人员专业方向、发展方向的彻底改变，例如从技术到管理，从前台到后台。

雅虎口碑总裁金建杭更表示，阿里巴巴根据员工的自身发展要求都换过不同的岗位，“唯一没有变工作岗位的是马云”。

金建杭举例说，阿里巴巴集团CFO管财务应该是很专业的，但现在在管理层从事管理工作，公关副总裁曾被换岗成负责销售的副总裁，除了经理、总监、副总裁管理岗位外，编辑等非常专业的岗位也会被换岗。

马云对培养人才不遗余力，比别的公司做得更大胆，更愿意为培养人才支付轮岗所带来的巨大成本。马云一直认为：轮岗能为高潜质人才提供更大的发展空间和发挥创造力的舞台，协助员工完成职业转型及职业生涯的飞跃式发展，同时也对现有人才产生极大的激励，让组织充满活力，留住企业关键、核心人才。

在外企做了16年HR工作的邓康明，来到阿里巴巴的一年多时间里，于2006年1月10日，彻底转型做业务，担任阿里巴巴主管渠道与大客户的事业部总经理。邓康明说道：“我来到阿里巴巴是接任一位转去负责销售部的创业元老。现在，我轮岗去主管渠道和大客户部，他又回来主管人力资源。”

乐军1999年加入阿里巴巴时是负责网站内容的编辑，8年中他换了5个岗位。“我原来并没有技术背景，现在却成了技术经理，自己都觉得有些不可思议，马云常说要‘拥抱变化’，我很受鼓舞。”

另外一位资深的阿里人戴珊更是典型，几年内换了11个岗位，虽然她的家安在了杭州，但是曾被多次长期外派，极其丰富的岗位经历让她对公司有着立体的认识，“在创业时代，比较强调个体驱动，到了现在，业务变得多元化，决定了在企业文化上，必须变得更包容，对员工也必须更信任。”

2007年12月24日，阿里巴巴集团宣布，对旗下高层进行调整，除却淘宝网总裁孙彤宇、阿里巴巴集团COO李琪、阿里巴巴集团

CTO 吴炯、阿里巴巴集团资深副总裁李旭晖将会辞去现任职位之外，阿里巴巴还将实施轮岗制度。

支付宝总裁陆兆禧与副总邵晓峰都被调至更重要的位置，前者代替孙彤宇任淘宝总裁，后者升任支付宝总裁。还有金建杭，被调至雅虎代替曾鸣成为中国雅虎 CEO，曾鸣则恢复原职，再次担当阿里巴巴集团主管战略的总参谋长。

联想控股董事局主席柳传志有一句名言："折腾是检验人才的唯一标准。"

柳传志有两个好的接班人：杨元庆、郭为。殊不知，柳传志为培养这两个人，前后"折腾"了他们多年。这两个人是一年一个新岗位，"折腾"了十几年，换了许多岗位，才成了"全才"。

经过不断"折腾"，杨元庆、郭为最终被练就成了一名经得起任何压力的"铁人"，成为联想控股的两个少帅。

关于轮岗的重要性，联想控股董事局主席柳传志于 2003 年 8 月在一次题为《天将降大任于联想，联想是年轻人的联想》的讲话中说道："管理人员到了一定程度以后，岗位要进行轮换。为什么要进行轮换呢？因为他在这个岗位做，实际上是体现学习能力的一个很好的方式。这个部门他做得好，是不是能够充分地研究为什么做得好。换了一个部门，还能够做得好，还能讲出道理，换了第三个部门，依然如此的话，这个人可以升了，可以承担更大的工作。如果没有的话，仅在一个部门，很好，就往上走，这里面有偶然性。所以轮岗是一种非常重要的方式。"

无独有偶，著名企业华为集团的老总任正非也喜欢"折腾"人。作为 IT 企业，华为集团年轻员工很多，为了让他们尽快成熟，任正非几乎用一种极度激进的磨砺方法“折腾”他们。在华为，几乎所有的高层管理者都不是直升上去的，今年你还是部门总裁，明年就可能成了区域办事处主任，后年可能又到海外去开拓市场了。几起几落，经受若干失败的打击是司空见惯的事情。华为有一句名言：“烧不死的是凤凰。”意思是只有经得起“折腾”的人，才是真正的优秀人才。

任正非在《致新员工书》中，对那些经受培训“煎熬”的学生充满期望：“实践改造了人，也造就了一代华为人。您想做专家吗？一律从工人做起，已经在公司深入人心。进入公司一周以后，博士、硕士、学士，以及在内地取得的地位均消失，一切凭实际才干定位，已为公司绝大多数人接受，希望您接受命运的挑战，不屈不挠地前进，不惜碰得头破血流。不经磨难，何以成才。”

接班人计划

“功盖三分国，名成八阵图。江流石不转，遗恨失吞吴。”这是唐代大诗人杜甫对三国名臣诸葛亮的一生的总结诗篇。在这首诗中可以看出，杜甫对诸葛亮运筹帷幄的雄才大略极尽敬仰之情，同时，又对诸葛亮“鞠躬尽瘁，死而后已”、后继无人的晚年惨境极尽惋惜之意。

联想控股董事局主席柳传志认为：“（诸葛亮之败）他本人培养人才不力肯定是主要原因之一。在他用兵点将的时候，一般我们很难看到核心团队成员的决策参与，更多是诸葛亮个人智慧的专断，这种习惯导致了后来蜀汉政权内部对诸葛亮的绝对依赖，广大谋臣及将领缺乏决策的实际锻炼。后来他身居丞相高位，工作多亲力亲为，没有放手着力为蜀汉政权造就和培养后续人才，以致造成后来‘蜀中无大将，廖化充先锋’的局面。”以柳传志办联想的体会，他认为：“除了需要敏锐的洞察力和战略的判断力外，培养人才，选好接替自己的人，恐怕是企业领导者最重要的任务了。”这些年来，柳传志获奖无数，他曾经半开玩笑半认真地说：“我最希望得到的是人才培养奖。”事实上，柳传志已经以自己的行动赢得了这个奖项。

对于企业来说，培养接班人同样是一个很重要的命题。据调查显示，家族企业占民营企业的90%。由于找不到合格的接班人，95%以上的企业无法摆脱“富不过三代”的宿命，90%以上的企业上演着“不过二代”的悲剧。在中国企业界，对于接班人判断力培养格外上心的是联想控股董事局主席柳传志。20世纪90年代中期，柳传志曾设计，以杨元庆为主，郭为积极配合。但事情的发展并没有如设想的那样。于是柳传志因人役事，在2000年把神州数码与联想集团分拆，杨元庆领导的联想集团得到了最重要的PC业务，而郭为领导的神州数码从此与“联想”品牌挥别，获得了分销、系统集成和IT服务业务。

马云坦言作为公司的决策者、管理者，要随时想着当自己生病或是其他事情需要脱身的时候，能立刻找到一个可以取代你的人；并再三强调，公司不是一个人的，公司不能被任何一个人“绑架”。

马云怕自己对这个公司的危害程度远远大于他对公司创造的价值，怕公司里的人会对他形成一种依赖。阿里巴巴走102年，他不可能走102年。马云说道：

互联网是四乘一百米接力赛，你再厉害，只能跑一棒，应该把机会给年轻人。

马云说道：“阻碍阿里巴巴的一个人就是马云，如果我不换掉我的脑袋，所有的改革都是一句空话，我要想办法尽快把自己换掉，要么换自己的思想，要么把马云换掉，这样才能一代一代往前走，创业是四乘一百米的赛跑，我跑第一棒不错，不意味着第二棒很好，这是团队的工作，希望尽早地能够回到我自己喜欢做教师、做农业、做环保上面去。

“这是我的一份理性。在2003年阿里巴巴已成为很成熟的国际大网站，那时我的管理和经验都会显现不足，我也不能担保自己那时不会发生短视或由于成功而刚愎自用，因此最好的退路就是交棒，让一个更理性的人来领导阿里巴巴。”

后来，阿里巴巴的快速发展及现状使得马云不得不修正了自己之前做的决定。

在上市成功两个月后，2007年12月24日阿里巴巴宣布对旗下业务板块高层进行大调整，淘宝网总裁孙彤宇、阿里巴巴集团COO李琪、阿里巴巴集团CTO吴炯、阿里巴巴集团资深副总裁李旭晖将会离开现任岗位，正式进入学习和休整期。马云将“阿里巴巴”4位高管同时送出去读书，要求他们3年后再回到公司，并且重新竞聘上岗。

阿里巴巴表示，此调整是基于公司干部轮休学习计划。作为人才战略的一部分，集团高级人才将陆续前往海内外著名商学院脱产学习、休整、提升，更充分地与行业内外优秀企业、企业家交流沟通。学习休整期间，他们不拿工资，也不为具体职务承担责任，但他们依然是阿里巴巴的高级人才。

马云解释说，自己的初衷是为了这4位高管和公司今后能有更大的发展。“阿里巴巴的辉煌是9000名员工共同创造的，不是我马云一个人的，也不是几位高管的。”

马云称他们都才30多岁，还有需要提升的地方，等四五年后回来就可以取代马云，这样，公司的年轻人也能有一个展示的舞台。马云说道：“这也是给他们放个假，我不想等他们跟我奋斗到60多岁时，向我埋怨说除了工作，没有生活、没有朋友。”

如何找到接班人，马云这样说道：

永远要想办法找到在公司内部能够超过你自己的人，这就是你的发现人才的办法。如果你找不到，问题一定在你身上，你的眼光有问题，你的胸怀有问题，可能你的实力也有问题。从结果上判断他（超过你自己的人），从过程上判断他，从他边上的人判断他，但是还有很重要的是让他给你推荐他认为最优秀的人是谁，从这儿判断他是不是优秀的人才。

干部“后继人”

英特尔公司为了保持公司文化和辉煌成就的延续，采用了“一带一”手法去培养经理人。这种手法收效的最有力的证明就是英特尔4位赫赫有名的总裁都出自公司内部。英特尔公司前任CEO葛鲁夫曾多次说过，任何管理者的部分关键工作就是为继任者铺路，而英特尔公司对人才的最高要求并不是经验，而是学习的能力。

历史上有很多在团队管理中不注重接班人而导致失败的例子。

战国时期，管仲是齐国的宰相，尽管他的能力十分出众，但他身为官员团队的管理者，并没有为团队的未来考虑接班人的问题。管仲病危时，齐桓公问他哪个人可以继任相国，管仲只说了三个小人不可用。管仲逝世后，齐桓公将三个小人逐出宫一段时间，很快又召回。齐桓公逝世后，五位公子争着做国王，齐国大乱。

事实上，作为创业型企业，接班人的重要性正日益显露出来。良好的接班人制度也不再仅指选择一位最高领导的接班人，而是要求企业从上到下任何职位都具有可替代的接班人。

马云表示，要实现“由中国人创办的全世界最优秀的公司”这一远景，其前提必定是要具备一个伟大公司所必备的胸怀，眼光以及全球化视野，拥有一支全世界最优秀的管理团队。

阿里巴巴集团表示，除了一如既往地提升自己和引进外部人才之外，还将大力推进走出去的人才战略部署，同时加强各关键部门的人才储备。在阿里巴巴不仅马云在培养接班人，其主管级以上员工也要培养自己的接班人。阿里巴巴每个干部必须在一年以内选定自己的“后继人”，并阐明自己是怎么培养他的，再由阿里巴巴去考核。马云说道：

我训练干部管理团队，要求他们在问题发生之前就把问题处理掉。你做的任何决定都关系到公司3～6个月之后发生的事情。如果没有人能取代你，你永远不会升职。只有下面的人超过你，你才是一个领导。领导不要做具体的工作，要下面人去做。你用6个月如果还找不到替代你的人，说明你招人有问题。6个月你找不到人，说明你不会用人。

由于接班人的成长关系到自己的位置和未来，所以管理人员会尽力培养他们的接班人，帮助同事成长。当然，这些接班人并不一定就会接某个位置，但由此形成了一个接班群，员工看到了职业前途，自然会坚定不移地向上发展。

如今，阿里巴巴高级总监以上职位均设有接班人制度。马云对他的这种做法做出了解释，他说道："我们是怎么想到这一招的，我看美国 NBA 打篮球，为什么越打越好，是因为板凳上坐了12个人，下面的人很想上去，都认为自己打得也不差。上场的人压力很大。这样你会有一套制度，用制度保证你的公司，不要用人。所以我们在培养干部队伍方面，形成了'学习制度'。"

培养接班人最广为人知的是 IBM 的"Bench（长板凳）计划"。"Bench（长板凳）计划"一词，最早起源于美国：在举行棒球比赛时，棒球场旁边往往放着一条长板凳，上面坐着很多替补球员。每当比赛要换人时，长板凳上的第一个人就上场，而长板凳上原来的第二个人则坐到第一个位置上去，刚刚换下来的人则坐到最后一个位置上去。这种现象与 IBM 接班人计划及其表格里的形状非常相似。IBM"接班人"计划——"Bench（长板凳）计划"由此得名。

IBM 要求主管级以上员工将培养手下员工作为自己业绩的一部分。每个主管级以上员工在上任伊始，都有一个硬性目标：确定自己的位置在一两年内由谁接任；三四年内谁来接；甚至你突然离开了，谁可以接替你，以此发掘出一批有才能的人。

IBM 有意让他们知道公司发现了他们并重视他们的价值，然后为他们提供指导和各种各样的丰富经历，使他们有能力承担更高的职责。相反，如果你培养不出你的接班人，你就一直待在这个位置上好了。因为这是一个水涨船高的过程，你手下的人好，你才会更好。

“黄埔军校”

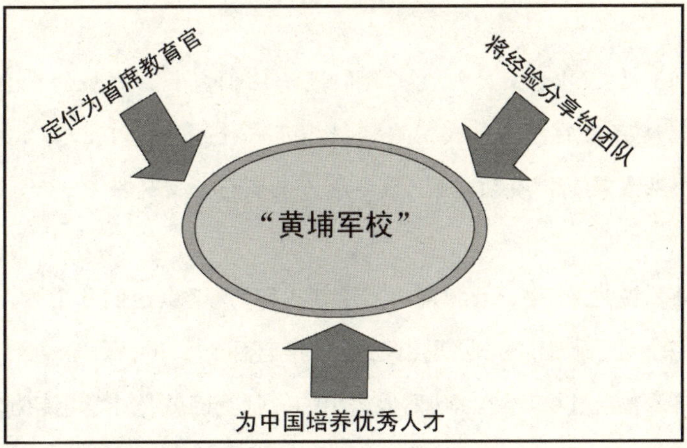

定位为首席教育官

马云明确自己的重要职责就是培养人才，他对自己的定位就是“首席教育官”。马云要把阿里巴巴变成互联网业界的“黄埔军校”，他要培养的也不是普通学生，而是四大天王、八大金刚、十八罗汉、四十太保。马云说道：“我以前出来创业的时候，1995 年离开（教书的）大学的时候，我想花十年时间创办一家公司，无论我经历什么，无论我犯过什么样的错误，无论我做出什么，我回到学校的时候都有亲身的经历和经验跟学生分享，但（当）老师这么多年的经验让我又有（新的）想法，我希望把阿里巴巴变成不（再）是一个公司，让阿里巴巴变成将来能够诞生四大天王、八大金刚、十八罗汉、四十太保的‘黄埔军校’，老师的本能告诉我，21 世纪最宝贵的是人才。”

马云曾表示：“我的四大天王，每人至少能管理 1000 亿元人民币以上的公司，八大金刚管理 500 个亿，十八罗汉管理 300 个亿，四十太保至少管理 10 个亿。”马云说道：

阿里巴巴对于公司的员工我们还给他们成长、发展的机会，为社会创造有用的人才。我们内部提出了一个口号：阿里巴巴要成为未来企业发展的“黄埔军校”，要成为未来企业家的摇篮。

马云说道：“有一天我退下来不当 CEO，李琪他们几个胸怀都不错，完全可以胜任……阿里巴巴要培养上百个 CEO。”

马云曾当过 6 年大学老师。他悟出的教师真谛就是让学生超越自己。马云说道：“小时候讨厌当老师，但后来做了 6 年的老师，本打算扎根当老师。当老师最大的乐趣是学生超越你，因为学生各有所长。”

将经验分享给团队

从 1999 年创立阿里巴巴到现在，马云带出了一支横扫天下的队伍。没人能准确说出马云培养了多少人。在创业的过程中，马云把阿里巴巴变成一所大学校，而学校是离不开老师的。老师就是马云为自己找到的位置。马云说道：“我自己也在创业过程中学到了许多，成长了许多。这些大将每（个）人都独当好几面，我基本上大部分时间都是在全世界跑，去和第一流高手交流。在美国跟比尔·盖茨、巴菲特、克林顿这些伟大的有智慧的人交流，消化理解后再（回）去同公司团队分享。这就是在发挥老师的作用，在外面学习，然后把知识传递给他们。”

2002年，马云开始周游全世界，参加一些最好的论坛会议。在2004年达沃斯的年会上，马云做得最多的是坐在一旁的咖啡椅子上看来来往往的人，他告诉《赢在中国》的主持人王利芬，他真的喜欢这个场合，这也是一种学习。在他说的那个场合，旁边过去过来的人都是如索罗斯之类的举足轻重的全球政界、商界、金融界和学术界的精英人物。马云说道：

达沃斯每一届（我）都去，从中学习什么叫国际化、什么叫战略眼光，回来之后再跟我们的同事进行沟通（交流）。我现在被很多人认为是“狂人”，其实我只不过把高手讲的话告诉中国人而已。因为我是老师出身，不懂技术，老师就是贩卖别人的知识，拿过来消化一下再告诉别人。

马云认为，自己的创造能力是有限的，但他表示，如果能培养出这么一批人才来，每个人都能创办、领导、管理一个伟大的企业，对社会的贡献就更大了。他表示，未来几年就是要做这件事，就是要充当这个老师的角色，这样更能发挥他的作用，也能发挥阿里巴巴的作用。马云说道:“未来能做成这个事，那我这辈子也没白活，阿里巴巴也没白做。”

为中国培养优秀人才

在中国的电子商务市场上，阿里巴巴的确是做得最好的。阿里巴巴在中国电子商务领域的地位有点像当年的IBM在美国商界的地位。因此阿里巴巴要为中国电子商务的未来培养一大批领导人才。随着阿里巴巴越来越强大，这是一个很好的平台。这个平台除了能创造财富外，还能培养人才。

阿里巴巴要把培养的方法、成长的方法、学习的方法传下去。这样坚持下来，未来二三十年，中国企业的领导人就会大都是从阿里巴巴出去的，这就是社会责任感。

这样，阿里巴巴就会被称为“黄埔军校”。阿里巴巴表示，就是要做这个事，但不是要刻意做这个事。最终阿里巴巴要为中国互联网产业、新经济产业培养和造就大量的优秀人才。10年之后，阿里巴巴对自己的考核指标是:世界500强中的中国企业的CEO有多少是从阿里巴巴出来的。

马云表示:“这帮人培养出来以后，对中国经济的影响就大了。那时就会形成吸收了美国全球化战略和日本严谨管理风格，又融合中国流派的中国方阵，那时中国军团在全世界的声音就不会是现在这么点！”“我这一辈子不一定能实现（阿里巴巴的梦想），但可以为它奠基。四大天王出来，他们每个人都能影响国家、影响世界。我相信这批人，用不了三五年（就可以成长起来）。阿里巴巴第三代人当中，有些人很厉害！”

阿里巴巴基本法

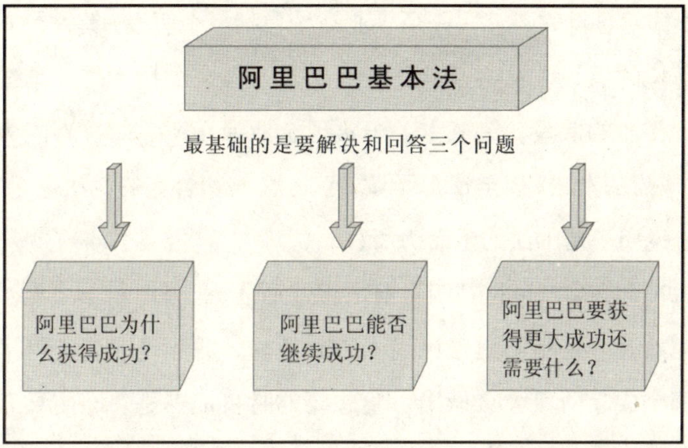

分析“华为简史”，可以看出，华为总裁任正非并非先知先觉，从一开始就要搞一部基本法。而是企业的战略和战术的负面作用，随着规模的膨胀而同步膨胀，首先对企业的营销人员的评价体系形成了压力，迫使任正非寻找解决方案。当时尚处在创业初级阶段的任正非，已经在艰苦中低头赶了好几年路，很想对华为过去的小胜和未来发展的方向进行一个阶段性总结，但却一直处在“混沌”之中，直到《华为基本法》的酝酿和出台。

1997 年 3 月 27 日，历时三年，八易其稿，103 条的《华为基本法》最后一次审稿。至此，改革开放以来，我国第一部企业宪章或者说企业管理大纲正式诞生。华为和任正非完成了一次自我超越，走出了混沌。《华为基本法》总结、提升了公司成功的管理经验，确定华为二次创业的观念、战略、方针和基本政策，构筑公司未来发展的宏伟架构。以《华为基本法》为里程碑，华为继续吸收了包括 IBM 等公司在内的管理工具，形成了均衡管理的思想，完成了公司的蜕变，成为中国最优秀的国际化企业之一。

根据德鲁克的研究，一个事业理论包括三个假设：第一，对企业所处环境的假设，社会及其结构、市场、顾客、技术等。第二，关于企业使命的假设。第三，关于实现企业使命所需的核心能力的假设。《华为基本法》规定每 10 年修订一次，与德鲁克的说法毫无二致，这恰恰说明了基本法的生命力所在。

2006 年，马云说道："四年前是想过退休，但是时机不成熟。""这个不成熟并非是指阿里巴巴尚未达到顶峰，我不是非要把阿里巴巴送到哪个成功阶段才会撤出。我想要的时机成熟是，即使马云离开阿里巴巴，阿里巴巴依然可以健康地生存和发展。"

四五年过去了，马云依然表示有退休的想法。但他表示这种想法依然是梦想。马云说道：

其实，地球离开谁都会转，毛泽东去世的时候，全国人民以为天都会塌下来，结果不是也挺好？邓小平以后，人们以为改革开放的步伐就此停止，不是也继续走下去了？如果我的离开导致阿里巴巴走向死亡，只能说明我马云前几年的工作是瞎搞。

阿里巴巴希望能够建成一个体系、一个制度，从而使得公司离开谁都会好。造就一个优秀的企业，并不是要打败所有的对手，而是形成自身独特的竞争力优势，建立自己的团队、机制、文化。

阿里巴巴集团多元化的发展已经为给其管理、运营、人员、流程等许多方面带来了很大的压力。如何才能将这个完美架构无缝地整合起来，已经成了马云和阿里巴巴管理团队必须面对的重大难题与挑战。马云说道：

我们要走102年，我们必须像美国一样要有一个宪法。这个公司什么能做、什么不能做，我们该做什么，现在很少企业考虑这些问题。但是一家公司要走得久、走得长，从人才、机制、环境各方面，我们都需要建立这样的一个体系。

马云透露的这个体系现在有一个最新的称谓——《阿里巴巴基本法》。据阿里巴巴高级副总裁邓康明介绍，决定阿里巴巴未来百年走势的《基本法》将是对阿里巴巴企业文化和战略框架的一次完整总结。马云认为：

企业做大了之后，值得依赖和信任的永远不是哪个人，而是一种高效率的制度。在这样的制度约束下，团队的执行力才能得到最大限度发挥。

阿里巴巴在2007年，除了引进人才，有良好的机制，进行资本运作，扩大阿里巴巴的影响力、扩大整个公司的收入以外，还会为阿里巴巴制定一本阿里巴巴的基本法。据称这项工程已经于2008年4月全面展开，并有全体员工参与。这将是中国本土互联网企业第一个纲领性文件。其中最核心的就是对阿里巴巴企业价值观的塑造。

据相关人士介绍，阿里巴巴基本法最基础的是要解决和回答三个问题：阿里巴巴为什么获得成功？阿里巴巴能否继续成功？阿里巴巴要获得更大成功还需要什么？马云说道：

我们会花时间把《阿里巴巴基本法》做出来。美国的发展，二百多年最要紧的就是一部宪法，制定了整个制度和体系。我现在花很多的时间，为了我们的企业文化。文化是企业发展的DNA，人可能没有，制度可能改变，只有企业的文化是能够传递下去的。文化是一种精神，是每个人 believe（信奉）的东西。

有时候企业发展的过程当中，文化有问题，制度也会有问题，人也会有问题，第一代企业家必须要掌握生意人的机会，也必须掌握商人的机会，必须学会建立什么样的制度体系，经过十年第一代的努力才会有第二代，企业领导人要判断自己是不是有后继接班人的体系。要建立这样一个体系并不容易。马云认为，方案写好变成一种文化，变成血液里的东西，那起码三年到五年。马云表示："我觉得这个对于阿里巴巴也好、蒙牛也好，刚好我们都是 9 年，我觉得我们脱颖而出不是我们利润比别人好，绝不是我们营收能力比人家强或者说员工数比别人多，实际上我们在中国可能是没有几家中开始注重远见、注重战略、注重制度建设、注重团队人才培养、注重文化建设的，这些东西都不完美，但是我们可能是最早有这个意识往前走的，这也是中国第三代中国企业脱颖而出，希望能够跟世界企业竞争的方面，不是靠一个人、两个人，这些体系假设老牛（牛根生）、马云离开了，然后企业就垮了，那就是我们建设不够好。"

链接 1

柳传志：如何建班子

难题

进了班子后不称职怎么把他请出去

重大问题有不同意见，两边的比例还差不多，怎么办

如何提高班子成员的素质

柳传志：如何建班子

2002 年，联想控股董事局主席柳传志在一次演讲中说道：“建班子是第一位的，先是建班子。

“没有一个意志统一的、有战斗力的班子，什么定战略、什么带队伍，什么都做不出来。不论在什么情况下，班子的团结永远是企业发展的首要条件。

“建班子的核心理念就是要让联想的最高层领导人建立起事业心。这就是把联想的事业真正当作他自己的事业。通过规则和文化，使高层领导人能团结、高效地工作。

“联想成立 18 年（注：2002 年时的讲话）了，在 20 世纪 80 年代，中国

企业生存的环境是很困难的。而在20世纪90年代，环境逐渐变好，但企业竞争的程度大大加剧了。在这种复杂的情况下，联想之所以能一直高速发展，它的真正核心竞争力，我认为就是因为有一个好的领导班子，有制定正确战略的能力，能培养出一支很好的队伍。”

谈到联想为什么要建班子，归根结底是为了保证事业的稳定和可持续发展。火车跑得好，全靠车头带，柳传志希望联想的车头是一个团队、一个班子，而不是一个人。一次，柳传志在清华管理学院对着台下的那些MBA们演讲“怎样做一名好总裁”时说道：“一个企业到了成千上万人的规模，没有一个班子而只靠一个人的领导肯定是不行的。只有一个人领导的话，领导出差了，原来制定的东西马上就会走样。好一点的结果是阳奉阴违，坏的结果就是完全不照着做。因此，领导如果真的要树立威信，希望自己制定的东西能够顺利实现的话，就要有一个班子，有了班子以后，才能群策群力。对于班子，还有很重要的一点，就是对班子中的第一把手要有制约，没有制约是无论如何不行的。毛主席是一个哲人了，他不被制约依然会犯‘文化大革命’的错误，所以像我们这些普通人更要有制约。”

柳传志认为，建班子的核心，就是这个班子的第一把手本人，他是不是把企业的利益放在第一位。他在清华大学的演讲中讲道：“一把手是有战斗力的班子的核心，一把手应该具备什么条件，应该如何进行自身修养？一把手应该如何选择班子的其他成员，其他成员不合标准怎么办？如何对班子的成员进行考核？没有一个意志统一的、有战斗力的班子，什么定战略、带队伍都做不出来。宗派是形成团结班子的绝症，要杜绝一切可能产生宗派的因素。这些都是建班子要解决的问题。”

柳传志认为，只有充分调动领导班子成员的积极性，才能促进企业的发展，那么如何才能做到这点呢？柳传志说道：“首先必须让班子成员明白他和整个战局的关系，还要讲清这件事情做好会怎么样，做不好又会有什么后果，这对他的积极性就有了初步的调动。第二是凭什么说你做好了或做坏了，凭什么给你这种奖励或惩罚。如果这是规定好的，不是人为临时定的，积极性就会得到更大的调动。香港联想曾经有位总经理，分红权、认股证、期权都在他口袋里面，到时候再宣布他要给谁多少。今天看来他给人家的东西并不少，但是没有人感谢他，没有人真心被这个调动起积极性。第三是这个规则应是被承认的，是班子研究过的，这时积极性会得到更充分地调动。联想高层的班子是主发动机，下面各层的班子都是小发动机，而不是一些没有动力的齿轮。上上下下都在动，而且动得非常协调，感觉就非常好了。”

建班子通常会遇到一些难题。比如，班子成员不合格的时候怎么办？班子里有分歧怎么办？班子的整体素质怎么提高？柳传志认为：“第一个难题是进了班子后不称职怎么把他请出去。解决这个难题要注意两点：一是班子里进来的所有人要德才兼备，以德为主。这个极其重要，否则你就很难理直气壮地把不称职的人请出去。高层领导的德，就是要以企业利益为最高利益。二是话要放在桌面上讲。第一次他有事情做得不合适，就要对他提出批评。关着门两个人说也是放在桌面上讲，不能心里明白不跟他说。话能不能放在桌面上讲，是一个班子团结和保持正气的关键。一把手若真的把企业利益放在第一位了，就没有什么话不能公开说的。

“第二个难题是重大问题有不同意见，两边的比例还差不多，怎么办？方法是先谈原则，第一把手先在私底下找到班子成员一个一个地谈话，不要谈具体的事，谈有关此事的最高原则。比如制定工资问题，要先谈定工资是为了什么，是为了某些人之间的公平，还是为了让企业更好地发展？到底哪个先、哪个后？把大原则定下来以后，再一步步定小原则，再谈具体问题，就好解决了。一把手用权要谨慎，当和下属意见不一致时，如果自己对这个事也没把握，而下属却言之有理，那就照他的办，但事情办完后要进行总结。做好了自己要回想一下当时我是怎么想的，而他（指下属）应该受到表扬。做不好他也要说个道理。如果把事情想清楚了，认为真正对的事情，就下决心去做而不必多做讨论。如果几次事情都做得很正确，大家今后就容易同意你了。我们公司里也有投票表决的制度，但还没用过，事情都是这么解决的，没有什么过不去的。

“第三个大问题是如何提高班子成员的素质。企业刚成立，人员素质不高怎么办？这时一把手注意要先集中、后民主。就是我定规则大家做，取得别人的信任以后，逐渐提高素质，替换班子成员，一步一步实现由班子指挥。一把手工作方式有三种：指令性方式；指导性方式；参与性方式。到了指导性的时候，下面就都是发动机了。联想现在是处于指导性和指令性之间，要一步步来。如果你接手的是一个大公司，文化背景、员工素质都很好，就不是这样了。”

2009年2月，柳传志复出之后，在接受CBSI中国总编刘克丽采访时表示，这么多年之后，联想的管理三要素依然没有改变，而且丰富了内容。柳传志以“建班子”举例说道：“因为建班子，包括人员是怎么组成的，起的作用是越来越成熟，定战略也越来越成熟。所以联想集团到海外去以后，基本上也是依然按照这个去做的。但它有了国际化的背景，在国际化的情况下怎么去做又是一个新的挑战了。”

链接 2

王石：从不培养接班人

联想控股董事局主席柳传志曾说：“以我办联想的体会，最重要的一个启示是，除了需要敏锐的洞察力和战略的判断力外，培养人才，选好接替自己的人，恐怕是企业领导者最重要的任务了。”

不过这样的理论并不是每个企业家都认同，王石就有不同观点，他曾说过：“我不培养接班人。我只培养制度、培育团队。这个团队中谁来当班长应该由制度去选择。”万科董事长王石说道：“2005年我去了一趟呼和浩特的蒙牛集团。蒙牛集团的老总说想请我去问我一些问题。大家都知道，蒙牛集团的牛根生这两年的风头很劲，尤其是去年（2005年）的‘超女’所带来的影响。牛根生通过中间人带话说他想要请教我。（于是我觉得）第一，虚荣心得到了满足；第二，也有好奇心想过去看一看。我过去以后，他说：‘我崇拜的人不多，只有两个人，你就是其中的一个。’我的虚荣心再一次得到了满足。他说：‘我崇拜你做事的方式。’他说想尽快辞掉总经理这个职位，他问我是怎样选拔接班人的？（我说我从来不培养接班人）他就愣了，因为一般人认为培养接班人是最难的，你王石肯定有（接班人）。但是我说我从来都没有选过接班人。（因为）我给万科建立了一个制度，培养了一个团队，谁当一把手也差不到哪儿去。

“比如美国共和两党，谁当总统也差不到哪儿去，即使克林顿当总统，伊拉克也是要打的，因为这是美国的国策。顶多是花花公子和牛仔的风格不一样罢了。美国的制度再伟大，即使一个女的来当总统也差不多。”

王石认为中国还没有真正的职业经理人，中国企业能不能长大，中国的民营企业能不能发展，很大程度上取决于职业经理人的道德水平。中国人充满了企业家的冒险，创新意识，因此，不需要担心缺少企业家，中国要担心的是没有具有足够的良好职业道德和职业行为的职业经理。王石说道：“现在中国不缺少老板，（20世纪）80年代缺少创业者，下海、打江山等等，缺少这样的人。但是到了（20世纪）90年代，很多人都去当老板。

“我们知道，去创业，这项业务仅仅是老板是不够的，还要有各个层面的职业经理人打理，我把自己就定位为一个职业经理人。我说中国不缺老板，缺职业经理人，中国的职业经理人正在形成当中。”

王石始终把自己当成作是一名职业经理人。王石表示，他的个人志愿不是当所有者，而是管理者。王石给自己的定位是“职业经理”。所谓“职业经理”，就是受薪阶层，是给老板打工的。王石说道：“尽管现在有不少员工都叫我‘老板’，但是实际上我也是给‘老板’打工的。自下海那天起，我就明确了自己的这种社会角色——这种生涯定位不会因为职务的变动而改变。”

王石不仅要求自己力争做一个优秀的职业经理人，而且还致力于培养一个职业经理人团队。王石说道：“我想通过在万科的实践，培养一点职业经理队伍。中国内地目前不是缺少老板，不是缺少有产者，而是缺少职业经理人，缺少律师、会计师、设计师、规划师——万科致力于培养的是职业经理人。”

万科在1997年就确立了全面培养职业经理的管理思路。作为这一计划的一部分，他们加快了业务架构的调整，完善了分权和授权的机制，并快速建立了投资、决策的专业委员会运作模式，以期为职业经理建造运作的良好平台。也正是基于这一考虑，万科把1998年定为公司的“职业经理年”，对职业经理进行培训和开发，以实现职业经理在万科的可持续发展，同时推动整个公司的经营能力和管理能力的提高。

商界大师沃伦·巴菲特自信自己的企业拥有出色的职业经理人制度：“我的总裁们是管理艺术的天才，而且他们像经营自己的产业一样用心经营伯克希尔（巴菲特的公司）。我的工作是别挡着他们的路，别妨碍他们的工作，然后就等着去分配他们所挣回来的收入。这是一件很愉快的事。”

同样，为了不妨碍万科的持续健康发展，1999年初，王石辞去总经理职务。王石说道：“在新兴公司里面，创业者既是董事长又兼总经理的不乏其人，从1988年万科改造成股份公司，我一直是董事长兼总经理。但应该看到，两职一身兼是一种特定环境下的产物，万科现在正驶上规范化的轨道，我继续兼下去，显然不利于万科的健康发展。”

王石在其辞职讲演中解释了他选择辞职的原因：“公司现在还在发展当中，路还很长，我也正当年富力壮，为什么要把总经理辞掉呢？恰好这是从长远角度考虑。一个人再能干，他的生命年龄是有限的，他的工作年龄就更有限了；但是企业可以做到超越人的生命年龄，所以它不应该是以某一个人的能干不能干、专业不专业、有没有魅力为前提，一定要靠现代企业制度来维系。我个人认为在实现了制度化和团队化、选择好了行业并树立了品牌后，谁是接班人就不是那么重要。

“我33岁才开始创业，一切都是靠摸索得来的。郁亮上世纪80年代毕业于北大，经过专业训练，在万科做了10年后，也是在公司比较成熟的时候当上老总，却不到33岁。他不是要靠个人的魅力、拳打脚踢的功夫接任的。”

郁亮出任万科总经理，这标志着万科由第一代职业经理人向第二代职业经理人成功过渡。王石说道：“郁亮不是我精心挑选的，我的用心、用意就是在制度、团队、企业文化层面的培育……而不是着眼于某一个人。”

链接 3

通用高管的选拔

企业高管的选拔有别于官员的选拔，需要的是战略思维、实战经验，而在短短的5个月内是难以全面考察到应聘人选的综合技能的。GE 公司通常更换 CEO 若干年前就成立专门选拔委员会，制订出选拔培养继任者的计划，列出公司内外几十名具有潜质的人选报经董事会审定，并分别做出培养计划，然后让他们在实践中经过多轮竞争最终确定 3 名候选人，将这 3 名候选人分别委以副职重任进行实战考察，最终才确定 CEO 人选，其计划时间之长、考核程序之多非国内企业所能想象。GE 公司在选拔“全球第一 CEO”杰克·韦尔奇时前后耗费四五年时间，让其担任过五六个部门的职务；杰克·韦尔奇更是耗时 7 年才最终确定其继任者。

杰克·韦尔奇说过：“高效的领导者都意识到，对领导能力最后的考验就看能否获得持久的成功，而这需要不断地培养接班人才能完成。”韦尔奇并不是只是说说而已。

从 1994 年 6 月起，韦尔奇就开始与董事会一道着手遴选接班人的工作。有鉴于当年自己亲临其境的尴尬，韦尔奇几乎事必躬亲。韦尔奇曾在接受《全球商业》采访时说道：“发掘、考核、培养人才时间加总起来，至少是我所有时间的 60% 到 70%。要想有好的人才质量，至少要花这样的时间，这是赢的关键。这件事我对上百万个人讲过，有些人听进去了，有些人不感兴趣，但这是我的信念，我相信这样的确有效。”韦尔奇没有启用“空降兵”，GE这次选拔接班人的最初24名候选人，均是GE公司内部的分公司经理或厂长。在秘密敲定十几位候选人名单后，他会经常性地安排他们与董事会成员打高尔夫球，或聚餐跳舞，让董事们有更多的感性认识。娱乐活动轻松活泼，看似不经意，但座次安排，组合配对等等细节都是韦尔奇亲自安排。当然，对候选人也有多种明察暗访的考核。

韦尔奇在接受《全球商业》采访时说道：“我拟定的GE接班人计划大约为时7年至8年。我们先选出22人，其中6人被视为‘最有可能组’，4人列为‘明显可能组’，还有12人列为‘观望组’。前面六七年，我们观察他们如何依时空状况改进自我，最后，有3个人出线，他们竟都来自‘观望组’。

“我们并未告知这3人，但报纸皆已报道。决定人选前半年，我把他们请进办公室，告诉他们3人：6个月后你们都将自现职被公司解聘，我希望你们与我合作，各自找到接班人，于是我们就任命了3位新的执行官。最后，我再选择其中1位，让他接任我的工作。”

经过6年零5个月的筛选，最后3名候选人是詹姆斯·麦克纳尼、罗伯特·纳尔代利、杰弗里·伊梅尔特。此前他们各自隐约知道自己是候选人之一，但并不知道还有多少竞争对手，因而并没有面对面的竞争机会，一直保持良好的同仁与朋友关系。这正是韦尔奇所需要的。

最终的3个人，再经过诸如“机舱面试”等考验后，一位会成为韦尔奇的接班人，另两位，则会选择离开GE。

用制度的形式奠定这一选拔基础的，是GE的C集会。

咨询顾问拉姆·查兰，这位《执行》的作者，在《哈佛商业评论》中这样描述着“C集会的秘密”：“每年，20名～25名有可能成为CEO或部门老总的领导人会被挑选出。这些人将与自己事业部以外的两位人力资源主管进行3～4

个小时的会谈。会谈将让公司深入了解这些崭露头角的领袖人才的发展经历，从父母的影响、早年的价值观到近期的成就，然后，人力资源主管会在组织内外对他们展开360度的调查评估、详尽的背景调查。这种串联式评估尽量避开心理层面的探讨，而关注被考察者在企业内部可以被观察和衡量的绩效。

“调查将形成一份15～20页的报告，有赞美，也指明有待改善之处。报告会被送予被考察者本人，也会送到被考察者的业务主管、人力资源主管处，当然，还有GE董事长、3位副董事长手中。

“串联式评估深入细致，这成为未来CEO的一种资格入门券。同时也是这些未来领袖们的一面镜子，并且拓宽了他们的人际网络，那两位非所在部门外的人力资源主管，此后也成为这些未来领袖咨询的对象。”

杰夫·伊梅尔特2000年11月被任命为通用电气公司总裁兼候任董事长，并于2001年9月正式接替杰克·韦尔奇出任GE董事长兼首席执行官。韦尔奇很平静地完成了职位交接仪式。两位落选者本身并不是失败者，不久这两位候选人都成了美国著名公司的CEO，一个在3M公司，一个在Home Depot公司。

韦尔奇说道：“其他两人则被要求离职。这三人在最后半年中，其实都在准备‘接班未成’的替代方案，因为我不希望其中两人离开时，被视为失败者，但我也不希望他们留在公司，在新总裁接手转型时成为阻碍。我觉得很多接班计划都在考虑‘留人’，希望接班不成者仍能留在公司。但这些人就算留下，不仅工作士气低，还会被同事视为落败者，不如让他们离开，在其他公司获得更大的发展。”

很多人都认为，韦尔奇才65岁，正值自己职业生涯的巅峰状态，退休未免太可惜。但在韦尔奇自己看来，他作为一个CEO，为企业选择自己的接班人是职责所在，他必须为企业的未来进行投资。只有这样，通用才能走得更远、更久。对自己的退休，他说：“我并不是因为觉得自己老了或是累了才决定退休的，而是我认为我在这个位置上已经待了20年了，这个时间太久，公司应该来一个新人给它一个重新的开始。我的成功，要是确实有的话，要由我的继任者在未来的日子里来决定。”

由于通用坚持一种系统的选人方式，从而使公司内部人才云集。韦尔奇经常不无自豪地说：“这是一家由众多杰出人物管理的公司，而我的功劳，就是为公司物色到了这些杰出人士。”

ALIBABA

第九章

留才策略

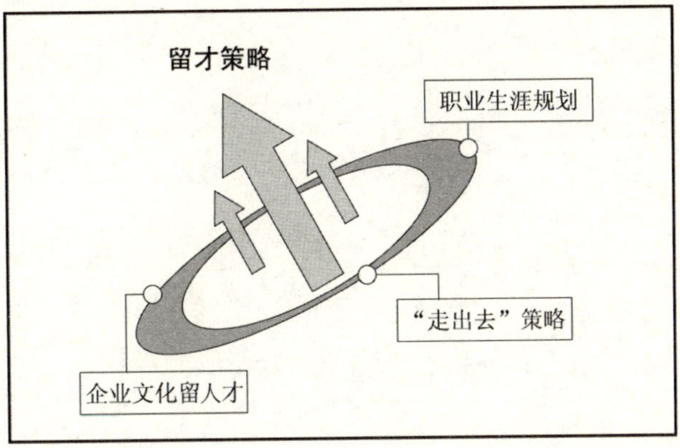

ALIBABA

阿里巴巴在整合雅虎中国的过程中，合理安置了雅虎中国的优秀人才还发明了被人津津乐道的留人四宝：愿景吸引高管；事业和待遇留住中层；不变薪酬福利安定员工；注资员工，感情银行。

著名企业管理畅销书《基业长青》中提到："高瞻远瞩公司在理念方面实施严格的控制，同时提供广泛的作业自主性，鼓励个人首创精神，正是兼容并蓄胜过非此即彼的典范。公司如果希望拥有授权或分权的工作环境，最要紧的事是规定严明的理念，并把这种理念灌输给经过筛选的员工，同时清除不好的人。对于留下来的人，赋予他们伴随着身属精英组织而来的高度责任感。这表示要把适当的演员推上舞台，陶冶出他们的正确心态，给他们自行决定、即兴表演的自由。简单地说，这表示如果能够以理念为中心，像教派一样地团结，就可以使公司解放员工的能力，让他们从事实验、变革、适应，以及最重要的——采取行动。"

阿里巴巴在整合雅虎中国的过程中，合理安置了雅虎中国的优秀人才还发明了被人津津乐道的留人四宝：愿景吸引高管；事业和待遇留住中层；不变薪酬福利安定员工；注资员工，感情银行。

阿里巴巴高级副总裁邓康明说道："员工流动有一个度，每个企业都应该保持一个基本正常的流动，比如说每年有10% ~ 20%流动率是应该的，也是正常的，如果流动率太高的话那对士气是有打击的，而且流动是什么样的人对士气有打击，我建议企业保持一个10% ~ 20%之间的流动率，最关键是你要控制不想走的人最好不要让他们走掉。"

职业生涯规划

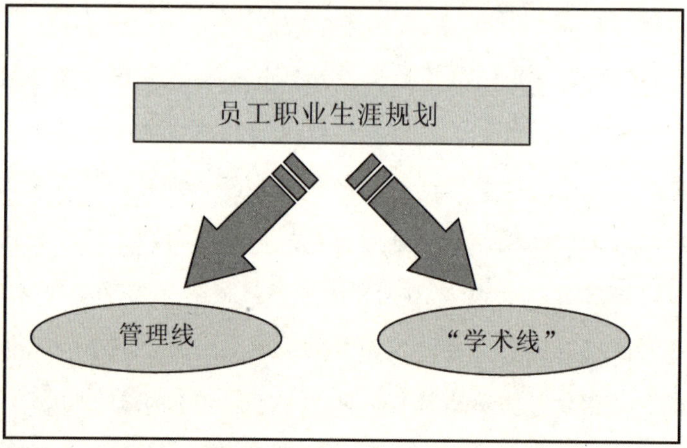

职业生涯规划，是指组织或者个人把个人发展与组织发展相结合，是企业开发员工潜力的一种有效的管理方式。员工职业生涯规划以双赢为目标，强调发挥员工的主动性、积极性，并有效实现员工个人价值与企业价值的高度结合。通过对员工进行职业生涯规划，企业不仅满足自身的人力需求，而且还能创造高效率工作环境、和谐的人力资源氛围，还会留住人才。

美国密歇根大学工商管理学院教授戴尔·沃尔克说：“人们往往以为是金钱使得员工流失，其实并非如此。员工在一段时间内会关注薪水，但员工如果对工作失去了兴趣，单单靠金钱是不可能留住他们的。”有许多员工都因为看不到晋升机会才离开的，于是细分晋升等级、晋升架构就显得尤为迫切重要，这样做的最大好处就是他们不必等着有管理位置的空缺就可以升职。

同样，多项调查分析表明：员工个人发展因素成为继薪酬之后的最重要的离职原因。为求得稳定和更好的发展，员工开始认识并审慎为自己设计科学的职业生涯规划。作为一种新兴的人力资源管理技术，员工职业生涯规划也逐步得到了众多企业的高度重视。

当一个人的才能得到相应的发挥，并担任一定的社会角色时，他的地位及职务也得到了提高，其待遇和报酬也必然相应提高。可以说，职业生涯规划是员工个人发展和企业留住人才的重要方法和手段之一。当然，员工的职业发展目标只有与组织的发展目标相一致、相吻合，才能发挥其作用，产生其效力。

在微软的团队中，每个程序员每年都有机会选择自己的职业发展道路，他们可以选择做经理，也可以选择成为技术领导者、构架设计师，甚至杰出工程师（Distinguished Engineer，享有公司副总裁待遇的工程师）。这就使他们自由地选择未来职业发展方向，这就避免了各人的职业发展和规划很难顾及到团队的稳定和发展。

阿里巴巴十分重视给员工提供舞台。比如，彭翼捷，1978 年出生，现任阿里巴巴 B2B 中国事业部的副总裁。2000 年，彭翼捷从西安交大外语系毕业后，就来到阿里巴巴工作，工号 152。曾任中国诚信通产品设计师，成功带领销售小组，向中国数以万计的中小企业推广有关产品。于 2004 年至 2005 年担任阿里巴巴中国市场部客户服务部总监，并于 2006 年 3 月至 2007 年 2 月年出任阿里巴巴中国网站运营部负责人。仅仅用了 7 年时间，她从一名普通的销售人员做到了副总裁的位置。如今，彭翼捷管理着阿里巴巴的中国网站以及诚信通高达上 10 亿元的销售额。

其实在阿里巴巴，像彭翼捷这种“坐着火箭上升”的职业生涯成长奇迹是很常见的。

在阿里巴巴特别为员工提供了职业生涯规划。2008 年 6 月，阿里巴巴人力资源总监朱岭在接受搜狐教育采访时说道：“我们公司对所有重要的一些岗位，都已经开始制定职业发展规划。举个例子来说，我们的技术岗位、我们的工程师岗位、我们的网站运营岗位、我们的销售岗位也包括我们财力和人力资源岗位，对所有这些岗位我们都把它从比较初级的工作岗位，可以说资深专员，一直到终极的岗位，经理、资深经理等等，到高级的岗位，总监、副总裁，一直到 C×O（CEO、CIO 等），这些岗位都把他们的岗位职责明确定下来。也有定义他的胜任能力，以及配套这个胜任能力和岗位职责所需要参加的培训课程。这样都定下来，我们就有一个清晰的职业发展路线图在那里，大家都基于这个职业发展路线图发展自己的职业能力，最终得到一个职业生涯的成长。这都是我们现在在做的。”

由于马云的第一份职业是杭州电子工业学院的英语老师，所以在打造自己公司的管理架构时，他习惯性地先想到了大学的架构：

大学里除了科室主任、系主任、院长这条管理线，还有助教、讲师、教授这条业务线，公司也可以按照这个办法来打造嘛。

于是，按照马云最初的这种构想，就诞生了阿里巴巴公司早期的两条泾渭分明的“升职路线图”，也是员工职业生涯规划的路线图。

一条线是管理线，即沿着“官路”走。沿着金字塔的路线向上依次是 Head、Manager、Director、VP、Senior VP、CEO。

另外一条线是“学术线”，追求“技术立身”或者“业务立身”。走这条路线的人，阿里巴巴鼓励他们搞学术、研发和创新。通常，新员工来到阿里巴巴之后，经过第一阶段试用期转正以后就变成了“勇士”；然后，经过 3 ～ 6 个月，跳过三级，升为“骑士”“侠客”；侠客以后是“Hero”。当然，要达到 Hero 的级别很难，Hero 里面又分 A、B、C 三级；然后到 Master（大师）；大师之后才是 Chief，共分五档，每档又分三级，一共十五级。这条“学术线”不可谓不漫长、复杂，熬到大师级的人应该是进入一个非凡的境界了。马云说道：

不要以为 CEO 很了不起，也许 CEO 只是个 Hero，但是某个业务骨干已经是 Master 了；马云也许在阿里巴巴很重要，但是这个 Master，他在中国互联网，甚至亚洲、世界互联网界，说话都有分量，比马云说话有分量得多。

的确，比如雅虎搜索引擎的发明人、原阿里巴巴 CTO 的吴炯，比如在 GE 工作了 16 年之后加入阿里巴巴的关明生，比如曾任中国雅虎总裁的曾鸣，他们在各自的技术、管理、学术领域，都要比马云优秀得多。

由于在某些方面有特长的人，并不一定适合做管理人员。为了留住人才，阿里巴巴的组织架构方面，有两条不同的发展方向供员工选择：一条是 management，一条是 professional。这样，无论哪一类人都有“升迁”的可能。马云说道：

阿里巴巴永远可以容纳各种古里古怪的人，有些人能干活不能管人，有些人能管人不能干活。阿里巴巴一定要有专业管理人员进来，因为阿里巴巴的这帮人很难管，你是3段，我是3段半，谁怕谁呀！但有些人就能把人全部管起来。他技术水平是0段，管理水平却是9段。

在中国这样一个“官本位”的社会里，阿里巴巴也允许P（学术）序列的员工在名片上印上与各自级别对应的M（管理）序列的总监甚至副总裁之类的头衔。

应该说，为员工的职业生涯定了这样两条两条泾渭分明的路线，马云是用心良苦的。他经常说一句话：

“走出去”策略

马云曾经说过，三分之二的员工四年以后会被我们“赶出”公司，为的是让员工个人更好发展，公司更好地发展。马云说道：“我们阿里巴巴在人力资源管理中首先就设想了在今后的若干年中会有三分之一的员工他们本来就是来工作学习的，今后他们会离开；有三分之一的员工在工作中会不适应企业的发展，被淘汰出局的；还有三分之一的员工会适应阿里的企业文化和工作方式与企业长期的共同进步的。”“为什么？这些人本身就是创业家，他们一直想自己干，只不过今天没有钱，也没有精力。我说OK，你到我们阿里巴巴来学习。四年以后有足够的经验，有足够的钱了，再去自己闯。这时候公司投资，你自己去闯。我们以前有一个理想，希望二十年以后中国的 500 强中有许多 CEO 来自我们公司；我也希望看到，在将来中国 500 强中阿里巴巴集团出来的人做 CEO 有多少，做副总裁的有多少；我希望阿里巴巴能够诞生很多商场名将，我们要成为中国商战名将的摇篮。将来有一天你如果要成为商界的领袖，就必须要放眼看全世界。"

阿里巴巴希望能够成为青年人创业、成长、发展的最佳平台，培养出"四大天王、八大金刚、四十罗汉、一百零八太保"，每个人都可以独当一面。阿里巴巴希望能给全国乃至全世界的企业培养总裁、副总裁，这样才能把阿里巴巴打造成一个全世界伟大的、由中国人创造的公司。

在成功完成了阿里巴巴 B2B 业务上市之后，马云开始加快人才战略的调整步伐。2007 年 12 月，作为人才战略的一部分，阿里巴巴集团高级人才将陆续前往海内外著名商学院脱产学习、休整、提升，并更充分彻底地与行业内外优秀企业、企业家交流沟通。

根据阿里巴巴干部轮休学习计划，阿里巴巴集团 COO 李琪，阿里巴巴集团 CTO 吴炯，阿里巴巴集团执行副总裁、淘宝网总裁孙彤宇，阿里巴巴集团资深副总裁李旭晖将离开现任岗位。吴炯于 2008 年 1 月 1 日、孙彤宇于 2008 年 3 月 1 日、李旭晖于 2008 年 3 月 1 日起，李琪于 2008 年 6 月 1 日辞去阿里巴巴现有职务，正式进入学习和休整期。

事实上，此次选择远赴海外短期学习的高层基本上都是阿里巴巴的功臣，孙彤宇领导的淘宝网目前已经占据了国内 C2C 市场 80% 以上的市场份额。在过去的数年之内成功地打败了 eBay 中国，并迫使 eBay 基本上放弃了中国市场，转而将公司出售给 TOM。阿里巴巴集团 COO 李琪、阿里巴巴集团 CTO 吴炯也是阿里巴巴早期崛起的功臣。

“当时动静很大，什么‘过河拆桥’‘杯酒释兵权’这种话都说出来了。”阿里巴巴首席人力资源官彭蕾说。特别是淘宝网的创始人孙彤宇，他当时刚刚带领淘宝网在中国市场击败了 eBay 中国，被认为是淘宝网不可或缺的灵魂人物。关于他的去留，马云与部分公司高层意见有分歧，但马云的解释与众不同：“冬天来了，企业在冬天的运作肯定和在夏天的运作不一样。但要改变非常成功的人是非常难的，改革是要改脑袋，而不是换换新手法。要让成功的前辈去学点新东西，换换脑袋。此外，也要给新人机会，新人未必会成功，但要让成功的前辈在改革中再次成功更累。”

企业文化留人才

企业文化是一种很有效的留人方法。文化是道德与法律之外的第三种力量。一个企业如果企业文化做得好，企业各种关系不愁理不顺，也不愁招不到、留不住人。而且企业文化做得好，企业根本不需要花很多成本便可留住员工，让员工安心稳定为企业服务。

马云在创办阿里巴巴时，希望它是一个世界级的中国企业，马云把中国企业跟国外企业比较以后发现：中国企业很少注重使命感、价值观、理想、共同目标，而国外企业讲得最多的就是使命感和价值观。

在一个注重企业文化的公司里，员工很难被挖走。其实就像在一个空气很新鲜的土地上生存的人，突然把他放在一个污浊的环境里面，工资再高，他过两天还是会回来。

一位来自美国的阿里巴巴员工说："这里的文化也很有意思，都是年轻人，很开放，员工跟老板之间很平等，你可以跟你的老板讨价还价。这里没有沟通的障碍，也不会有很官僚的状况，在这里工作非常开心。"这也成了众多阿里巴巴员工留恋这里的一个因素。融洽的团队关系、和谐的沟通环境、愉快的工作氛围，是阿里巴巴一直着力打造的一种文化。

马云2003年接受《财富人生》节目访谈时说道："我希望在公司管理的过程中，很坦诚地把自己的思想说出去。同时要想真正领导他们还必须要有独到眼光，必须比人家看得远，胸怀比别人大。所以我花很多时间参加各种论坛，全世界跑，看硅谷的变化、看欧洲的变化、看日本的变化，看竞争者、看投资者、看自己的客户。看清楚以后，告诉他们：这是我们自己的发展方向！你一定要比投资者更有说服力！投资者不可能跟我一样去拜访客户。然后我会拿出一张蓝图，我的同事也不可能拿出这张图来，所以我拿出这样的图时他们会觉得：好！我们就这么走！一个企业最重要的是：从初建的时候就要有自己的使命感、价值观，还有一个共同的目标。我们这些人呼吸与共，就算他们挖走我的团队，肯定也得把我一起挖去。"

大多数中小企业不注重企业文化的建设，员工缺乏共同的价值观念，对企业的认同感不强，往往造成个人的价值观念与企业的理念的错位，这也是中小企业难以吸引与留住人才的一个重要原因。

链接

吉利集团李书福：怎样留住人才？

留住人才需要几大基本要素，这是我自己想的。

第一个是精神与感情的要素。其实有些人不一定要多少钱，有些人追求的是精神层面：他有理想和抱负，希望有地方施展才华、实现梦想。如果我们能够提供给他这样的舞台，比起提供多少钱要重要很多。

什么叫作志同道合？伟大的中国共产党打天下（时喊着）同志们冲，同志们前进，追求的是精神层面，而不是冲到前面去抢了东西大家分，并不是这个意思。首先是精神层面，需要通过大家沟通和交流培养起感情。通过精神和情感的交融，最后人会被激发一种激情。创业和企业在市场上竞争，需要这样一种激情。有些人（看上去）不死不活，那是很阴暗的。人一定要有激情，激情的人通常比较阳光，干起事来做坏事的相对少一点。

当然还要有钱、要有年薪，这是物质的要素。因为人有血有肉，需要一个合理回报。事业和理想也是精神层面的。不同的人在不同的阶段有不同的想法，有自己不同的追求。如何满足追求，使人有成就感？其实有的管理者不讲道理，让你（属下）干什么就去干什么，你（属下）不要有太多自己的想法，后来经过实践证明看，这个做法是不对的。于是后来就彻底改了，你（属下）想干什么就干什么，这个效果却非常好。

第三是制度的要素。光是说人性化、人性化，你想干什么就干什么，还要有制度的约束。因为人是有思想和尊严的，人还是会比较：不知道这个人拿了多少钱还好，知道了这个人拿多少钱，坏事了，他怎么拿得比我多，明天就开始不高兴了，所以就需要有很多制度约束。设计公正、公平、公开、科学实际的管理制度，有时候非常难。公开、公正，又得让别人不知道一些不该知道的东西，非常的难，但必须得这样。

第四是法律的要素。中国开始成为一个法治国家，很多地方要用到法律底线，任何人都不能跨越这个底线，如果谁玩小聪明跨越这个底线就一塌糊涂了。

我以前定下来要造汽车，首先是办学校和培养人。一切人力资源的工作始终围绕公司战略目标实现，将企业的战略落实为积极的行动，这些是我们很具体的规划。我们有愿景、目标、五年经营目标、战略目标、核心成功的要素。

干活怎么干要有一套逻辑系统。几万人多了，哪个人不好，哪个人好，也要有一个评价系统。虽然有这些思想，而且每个人到吉利之前，都会经过这样一个过程：被告诉核心价值理念是什么，战略是什么，精神是什么。最终还是要有具体的方法考核。所以我们讲考核系统，认证资格考核、工作绩效考核、价值理念考核，人力资源有这些系统软件。最终要想知道每个人到底是怎样，得到的结论基本上是准确的。

这整套系统里边，里面有一个人才金字塔。领导力的发展，领导力的考核有一套方法，管理能力的提升和考察也有一套东西，还有继任计划、后备干部等。有些干部今天在，过两天可能就不想干了，但有后继准备的人……这些都要有一套全员的培训系统保证。

人力资源工作其实是一个很大的专业工程，中国企业也很重视这方面的工作。人力资源管理方法的系统性和科学性，现在还是在不断地实践和探索过程中。另外还有一个适应性的问题，有些领导（接受）考核不是很高兴。所以这些东西要因地制宜，要根据实际情况和人的不同情况做一些调整。

培养人才还要有类型开发体系。企业一开始都是缺人才，可以从外面请一些人才进来，从外面请进来的人才说成是大树，好像大樟树一样，一棵一棵运过来，种在企业里面。森林里面全部都是大樟树就不好看，也不是很生态，所以必须自己培养人才。大樟树和小树种在一起，小树不断地成长，和大樟树在一起，大樟树总有一天（会）枯萎的，所以最终企业要形成自身的人才成长机制，而不能简单地从外面请人进来，这是吉利人才战略的核心思想。

这里面有一个职业发展通道，人进入企业要给一个成长的通道，每个人从学生到企业里面，大学刚毕业进来以后当工人，到底是朝着管理方向发展还是朝着技能方向发展，还是要朝着哪一个方向发展。这里面有四个通道，不同的人有自己不同的方向。如果大家都想当领导，领导的岗位是有限的，如何使一个人才又想成长和发展，又在当不了领导时心里能平衡，又能够得到相应报酬和相应满足感？这里面有许多职业发展通道的设计。比如说有级别，一级到五级，不同的员工级别不同，拿的薪水和待遇等各方面不同。

专题

马云：为梦想奋斗

各位阿里人：

过去的2009年对阿里集团来说是精彩、复杂、遗憾和兴奋交错的一年。我们幸运的在2008年提前对经济形势做了危机判断，并采取了一系列的措施，更由于大家一如既往的艰苦努力，迎接了一次又一次的挑战和拥抱变化，集团取得了很大的成绩。尽管存在着很多的问题而且面临越来越多的挑战，但我对我们的整体结果表示满意。今年我给集团打75分（已经是10年来很高的了）。

今天，我想和大家谈谈我对2010年工资调整方案和奖金分配原则以及KPI的一些看法。

去年此时尽管正处于金融风暴的寒冬，但我们逆势加薪以肯定所有阿里人艰苦付出和取得的卓越成绩。今年的年度绩效考核，经过集团管理层的讨论，我们做出以下决定：

关于2009年终奖

今年关键词：奖罚分明；打破大锅饭；打破平均主义。

奖金是对昨天工作的肯定和对未来工作的期望。

今年的奖金方案已出台，我相信大家会觉得今年的奖金发放和往年有很大的区别。今年，我们将严格执行“271制度”，旗帜鲜明地奖优罚劣。与以往相比，将特别突出“奖罚分明”“愿赌服输”，打破大锅饭和平均主义。包括公司所有层级在内都将对“top20”进行奖励提升，同时对“bottom10”加强问责。这是对勤奋付出的同事的最大公平，同时也是激励所有阿里人去挑战更高的目标。

奖金不是福利。奖金是通过努力挣来的。它不可能人人都有，也不可能每个人都一样。它不是工资的一部分，而是因为你的业绩超越了公司对你的期望值（请特别注意这一点）。

今年的奖金分配原则将会进一步公开透明。我们将在内网上公布各个公司的发放原则。我们希望每一个员工都能从自己的上级那里得到明确的信息，清楚自己的奖金为啥会多，为啥会少！

另外，以往年终奖都和基本工资挂钩，但从今年开始，年终奖不再与工资挂钩，而是根据员工对公司的贡献分配，它由所属子公司、部门还有每个人自己的绩效所决定。

关于2010年的加薪和调薪

我们认为没有所谓最好的薪酬。阿里巴巴永远不会因为竞争对手和行业的做法而加薪，这只会引发恶性竞争和不健康的行业格局。阿里巴巴的薪资水平总体是合理的，有竞争力的。除了合理的基础收入，我们希望所有阿里人能够公平分享公司成长带来的财富，我们仍然实行奖励期权政策，同时各子公司也已开始在制订各自的股权激励计划。

在今天的经济形势下，我们判断明年的通货膨胀将不可避免，我们担心阿里普通员工的生活将会受到影响。2010年也是我们全集团开展协同发展的第一年，我们对大家会提出更高的要求和期望。基于“员工第二”的原则，今年我们决定继续加薪！本年度的加薪幅度会不小，但我们还是必须严格执行“271制度”。

加调薪的原则：我们的加薪政策会继续向普通员工倾斜，公司高管把加薪机会留给普通员工。公司副总裁及 P11 以上级人员全部不参与加调薪，M4、M5、P9、P10 只是对于特殊情况调薪，如晋升、历史遗留问题等等。

有关 2010 年的 KPI

阿里巴巴必须坚持高绩效的文化，要充分体现公平、公正的原则，我们的绝大部分工作必须要能量化。

KPI 就像检查身体时的各项指标。它不应该是我们追求的目标而应该是我们公司健康的象征和结果。完成了 KPI 绝对不等于万事大吉了，就像身体某些指标正常不等于健康一样。当然，我们必须有一些指标来检测我们的工作。关键是哪些指标是必须的，是由谁定的等等。

这两年我们的 KPI 考核，变得有些机械和僵化，甚至有非常严重的大锅饭现象，对公司的发展非常不利，必须坚决改掉！KPI 不是领导和员工讨价还价的结果，而是由下而上的根据对公司战略的理解和对业务的把握，提出最合理的指标，以及相匹配的资源，这些指标必须是和上级沟通后达成的共识。这些 KPI 指标还很可能是根据内外部情况而动态调整的。年底客户满意不满意，我们有没有超过行业的增长，有没有为未来的发展培养基础，这才是我们真正要的。

“Dream target”是我们共同奋斗的目标，是调配资源的指导。“Dream target”必须通过创新的方法才能实现，而不是简单地沿用现有的手段，拼命去挤牙膏。电子商务正在迎来井喷的发展，我们必须超高速的成长，才能继续保持行业领先。我们要为我们的 mission、vision 和 dream 去奋斗，而不是为完成 KPI 任务，更不应该是为了奖金而努力。

各位阿里人，我相信绝大部分的同事会支持以上原则，但执行是难点，更是关键。我相信在执行过程中我们会有兴奋，会有沮丧，也会有痛苦、纠结甚至愤怒，但也许这就是我们每个人成长中一定会有的感受。要想创造新商业文明，必须有相适应的文化和组织能力。我们必须不断地改变和提升自己！

新的一年已经开始，阿里巴巴要在10年内实现“帮助1000万小企业发展，提供1亿就业机会，为10亿消费者提供服务”的目标，几乎每一年都会很艰难，都是关键。很多同事加入阿里巴巴的第一天，我就告诉过大家，阿里巴巴不承诺你会升官发财，但一定承诺你会有冤枉、有委屈，今天我要对2009年新加入的6480名新同事说同样的话，欢迎你来阿里巴巴，这不是一份简单的工作，这是一个梦想，我们都必须要为此付出巨大的努力和代价！

过年了，带着你的家人，去好好玩，好好花钱吧……

认真生活，快乐工作！

替我向阿里家属亲人们问好！

马云

在飞机上

（本文为马云在2010年1月19日写给员工的一封邮件）

参考文献

[1] 郑作时 . 阿里巴巴：天下没有难做的生意 [M]. 杭州：浙江人民出版社，2005.
[2] 孙燕君 . 阿里巴巴神话：马云的美丽新世界 [M]. 江苏：江苏文艺出版社，2007.
[3] 沈威风 . 淘宝网：倒立者赢 [M]. 杭州：浙江人民出版社，2007.
[4] 刘世英，彭征明著 . 马云创业思维 [M]. 北京：经济日报出版社，2008.
[5] 孙燕君 . 马云教：解开马云商业帝国魔咒 [M]. 江苏：江苏文艺出版社，2008.
[6] 杨艾祥 . 马云创造 [M]. 北京：中国发展出版社，2006.
[7] 刘世英，彭征 . 谁认识马云 [M]. 北京：中信出版社，2006.
[8]《赢在中国》项目组 . 马云点评创业 [M]. 北京：中国民主法制出版社，2007.
[9] 王阳，河沿 . 大长今励志启示 [M]. 云南教育出版社，2005.
[10] 张岩松 . 人力资源管理案例精选精析（第 3 版）[M]. 北京：中国社会科学出版社，2009.
[11] 刘兴阳 . 聆听智慧：世界名企业人力资源管理三人评 [M]. 北京：中国人民大学出版社，2006.
[12] 杨连柱 . 史玉柱如是说 [M]. 北京：中国经济出版社，2008.
[13] 曾昭华 . 柳传志如是说 [M]. 北京：中国经济出版社，2008.
[14] 朱甫 . 马云谈创业 [M]. 深圳：海天出版社，2008.
[15] 孙富鑫 . 史玉柱谈创业 [M]. 深圳：海天出版社，2009.
[16] 朱甫 . 马云谈管理 [M]. 深圳：海天出版社，2008.
[17] 任伟 . 王石如是说 [M]. 北京：中国经济出版社，2009.
[18] 纪子义 . 马云如是说 2[M]. 北京：中国经济出版社，2009.
[19] 韩征痕 . 潘石屹如是说 [M]. 北京：中国经济出版社，2009.
[20] 郭凡生 . 中国模式：家庭企业成长纲要 [M]. 北京：北京大学出版社，2009.
[21] 孟志强 . 结果第一：团队的执行 [M]. 北京：中国海关出版社，2008.
[22] 隆瑞 . 哈佛商学院 MBA 案例全书 [M]. 北京：经济日报出版社，1998.
[23] 宁高宁 . 为什么：企业人思考笔记 [M]. 北京：机械工业出版社，2006.
[24] 刘兴阳 . 聆听智慧：世界名企人力资源管理三人评 [M]. 北京：中国人民大学出版社，2006.

后记
HOUJI

阿里巴巴为什么成功，阿里巴巴在人力资源管理及团队建设方面究竟有什么独到深之处？这些都是笔者在进行写作工作以及创作完成的过程中，不断在思考的问题。不管怎么说，本书的完成也算是给自己一个交代，也是给读者学习阿里巴巴的人力资源管理提供一个完整的教程和范本。

在《阿里巴巴的人力资源管理》写作过程中，作者查阅、参考了与阿里巴巴有关的大量的文献和作品，并从中得到了不少启悟，也借鉴了许多非常有价值的观点及案例。但由于资料来源广泛，兼时间仓促，部分资料未能（正确）注明来源及联系版权拥有者并支付稿酬，希望相关版权拥有者见到本声明后及时与我们联系，我们都将按国家有关规定向版权拥有者支付稿酬。在此，深深表示歉意与感谢。

由于写作者水平有限，书中不足之处在所难免，诚请广大读者指正。另外姜声斌、袁扬、林欣财、罗初兴、关洪霞、傅雪辉、周著燕、杨进等人参与编写本书并付出了辛勤劳动，在此一并感谢。